Huia Short Stories 15

Huia Short Stories 15

HUIA

First published in 2023 by Huia Publishers
39 Pipitea Street, PO Box 12280
Wellington, Aotearoa New Zealand
www.huia.co.nz

ISBN 978-1-77550-821-2
ISSN 1177-0848

Copyright © the authors 2023

The authors have asserted their rights to be identified as the authors of their respective works.

Cover image copyright © Erena Koopu 2023
Back cover image copyright © Erena Koopu 2023

This book is copyright. Apart from fair dealing for the purpose of private study, research, criticism or review, as permitted under the Copyright Act, no part may be reproduced by any process without the prior permission of the publisher.

A catalogue record for this book is available from the National Library of New Zealand.

Published with the assistance of

Contents

Foreword	Eboni Waitere	1

Fiction

E Niwa, kaua e turituri!	Rea Aane	7
Ko Pare te Pūkeko Nanakia	Pine Tamahori Campbell	13
Affidavit in the Family Court: Ranginui vs Papatūānuku (Letter to the Climate)	Nadine Anne Hura	19
Jonas Was Not a Brave Boy	Steph Julian	27
Te Koha Tūmatarau	Jacob McGregor	37
Awa	Sarah McOnie	47
Ko te pō whakanui huritau	Atakohu Middleton	57
kintsugi with the colour pink	Anthony Pita	67
Stars of Hood Street	Marama Salsano	75
Te haerenga o Hinauri ki te rapu i te Kāhui o Matariki	Te Ataakura Swannell-Kaa	87

Te Wehenga	Christie Wallace	91
The Island	Toni Wi	97

Poetry

Another brown face	Shelley Burne-Field	110
you begin to see	Miriama Gemmell	112
When the rains came	Abby Hauraki	113
Hei Hoa Mauroa	Aperahama Hurihanganui	115
Sister	Ana Maria King	117
te karu o te whenua / amphibian	Ana Maria King	118
Mā te roa ka aha	Winara Levi	121
Ko Taua Āhua Tonu	Airana Ueroa Ngarewa	123
Mahi Kai	Zeb Tamihana Nicklin	125
Kura Kōkakō Māori kua rere ki hea ngā tau	Zeb Tamihana Nicklin	126
Scarred Native Tongues	Hannah Urupikia Rapata	128
nāwai, nāwai	Rauhina Scott-Fyfe	130

Non-fiction

And we didn't disappear, we're still here: On Ana Iti, Moa, Museums, Peppa Pig and Telling Stories	Hana Pera Aoake	135
Zion and the Three Cancers	Eru J Hart	145

A Dangerous Country	Nadine Anne Hura	157
Nō Pātea Ahau	Airana Ueroa Ngarewa	169
Tin Canning	Zeb Tamihana Nicklin	173
A Trip to Marsics	Danni Tia Faye Riwai	183
She Who Dreams of Te Rua o te Moko	Tōrea Scott-Fyfe	191
What Do We Do about David Ballantyne?	Jordan Tricklebank	195
The Authors		205

Foreword

As a publisher, I have the privilege of meeting and working with writers from all walks of life, each with their own aspirations. For some, writing is simply about sharing their story, giving air to their life experiences and wisdom. For others, it's about giving back to their community with stories and knowledge that can empower and inspire readers. And writing can also be a passion that urges an author on in their career, to write acclaimed works, reach bestseller lists and have readers across the globe. Success can mean something different to everyone.

The beauty of the Pikihuia Awards, the biennial writing awards by the Māori Literature Trust, is that it attracts writers from across this spectrum. The contributors to this book are all finalists in the 2023 Pikihuia Awards, a competition that we have been running with the trust every second year for more than twenty years. The Pikihuia Awards, and this accompanying *Huia Short*

Stories series, demonstrate what success is all about – foresight, determination and collaboration. The foresight to carve out a space in the literary world where Māori writers are recognised and celebrated; the follow-through and commitment to see that vision realised; and the community of writers, advocates, funders and staff it takes to make sure the kaupapa continues year on year. The awards themselves also hold so many stories of success within them.

One of the great impacts of the Pikihuia Awards has been inspiring a lasting passion for writing in our young people. Some years ago, a high-school student from Helensville, Brianne Te Paa, was selected as a finalist in the Pikihuia Awards. In 2022, HUIA published her debut books *How My Koro Became a Star* and *Kua Whetūrangitia a Koro*. When we approached Brianne to publish her story, she told us that since the awards it had been a dream of hers to be published by HUIA. When she shared this, it brought home the impact opportunities like the Pikihuia Awards have in shaping our aspirations and perceived pathways. Since the release of her books, Brianne has received three awards across the literary sector – Storylines Te Kahurangi Kāterina Te Heikōkō Mataira Award (2022), Best Children's Book NZ Booklovers Awards (2023) and the Wright Family Foundation Te Kura Pounamu Award for Te Reo Māori (2023).

While some of the names in this book will be new to you today, return to these pages in a few years, and you will see how the Pikihuia Awards have long played a foundational stepping stone for writers. A wonderful example is Whiti Hereaka, who in 2022 won New Zealand's top literary prize, the Jann Medlicott Acorn Prize for Fiction, for her novel *Kurangaituku*. She then gained international recognition in 2023 when *Kurangaituku* was longlisted in the Dublin Literary Award. Whiti's career illustrates much of why HUIA partners on the Pikihuia Awards and invests in supporting creative writers. Whiti's is a name you will find in numerous *Huia Short Stories*, and she was also a participant on the inaugural Te Papa Tupu programme, a six-month mentorship HUIA runs with the Māori Literature Trust to develop creative writers, where she worked on her novel *Bugs*. Whiti now sits on the board of the Māori Literature Trust and is committed to mentoring emerging writers on Te Papa Tupu.

With each successive year of running the Pikihuia Awards and Te Papa Tupu, the community of writers who have participated in these programmes continues to grow from strength to strength. In 2022, Steph Matuku, Lauren Keenan and Ataria Sharman all took to the stage at the 2022 New Zealand Book Awards for Children and Young Adults, reflecting the great impact these authors are making on children's literature. In adult fiction, Cassie Hart won the 2022 Sir Julius Vogel Award for Best Novel for *Butcherbird*, and Colleen Maria Lenihan's debut book *Kōhine* was named in *The Listener*'s top books of 2022 before Colleen took up the Emerging Māori Writer in Residence at the International Institute of Modern Letters in 2023. These achievements capture a snapshot of the last two years, which coincides with when we published *Huia Short Stories 14*, making this a pertinent time to reflect.

I always enjoy the season of Pikihuia Awards – celebrating the breadth of talent and experience across the entries and finalists is always a pleasure. To all of the finalists who are published in this book, congratulations; whatever your aspirations may be, this is a great success. You join a long list of talented storytellers published in this series. This is a record of the legacy and impact Māori literature has made and continues to make on the world.

Our role is to create space for our storytellers and their stories. And collectively, our voices will be undeniable.

Eboni Waitere
Director
Huia Publishers

Fiction

E Niwa, kaua e turituri!

REA AANE

He pō marino, he pō whakamārie. Takoto tapapahu ana te whānau ki rō moenga. Engari anō te tokorua, e konihi haere ana me he pōpokorua. Ko tungāne kei mua, e whātaretare atu ana ki tua. Ko tuahine te whiore, hāngū ana me he kiore. Whakapinepine ana te punarua. Ko Te Ao Tuhi, ko Niwareka e rua e rua.

Kei te aha kē rāua? E haere ana rā ki hea?
Ki te hīanga, ki te hautūtū, ki te harakoakoa pea?

Kei waho rā te tini kaupapa pai mā te kakama hei whai.
Haere mai e Niwa, kua whati te tai!

I tētahi pito o te whare, haruru ana tētahi oro. Whakarongo rua māua ko taringa, he aha hoki tēnā rongo?

He waka rererangi torohaki pea e hoka ana ki runga. He huinga hōiho toa e hārapa ana ki mua. He atua whiowhio ka tere ki te rua. Ākene pea he kaipuke kaitā e whiti ana ki tua.

Kāti! Kia hiwa, e Niwa. Kia ū, kia mau.
E raka te mauī, e raka te katau!

E tā! Ehara ehara!
Tēnā oro he taunga, nē hā?
Āe, ko wai atu hoki?

Ko Pāpā Koro.
Ngunguru ana te ngongoro!
E Niwa, taihoa e hurō.
Kei maranga, kei oho!

I tētahi atu moka o te whare, rangona ana te kōtetetete.
Taringa rahirahi, he aha hoki tēnā tangi?
Ākene pea he manu moe-ao, e whakaohooho ana i te wao.

He Peho tautōhito mōhio ki te kōrero. Taputapu kē ki te whawhewhawhe. Ko rāua rāua tana mete. Tarawhetewhete ana te Ruru ānō nei kāore e mutu. He paki te karawhiu, he putunga kupu. Te āhua nei he tino kaupapa i kōtamutamu ai te ngutu.

Kāti! Kia hiwa, e Niwa. Kia ū, kia mau.
E raka te mauī, e raka te katau!

E tā! Ehara ehara!

E Niwa, kaua e turituri!

Tēnā oro he taunga, nē hā?
Āe, ko wai atu hoki?

Ko Kuikui! Me ko Hine-huihui.
Hei aha mā tāua ēnā take nunui.
Tēnā, e Niwa, kaua e turituri.

I tētahi atu takiwā he pukutākaro te rangona. Whakarongo pīkari, he aha hoki te take hātakēhi?

Kei kō atu i te tatau he aha rā kei tua? He Maninirau pea, wai ka hua? He hangareka nenekara, hīanga runga paihikara. Ākene pea e whakataruna ana. Takahurihuri ki wīwī, tārere ki wāwā. Me pēhea e kore ai e hemo i te kakata!

He tipua whakakoekoe pea, wai ka tohu? E tōkenekene ana i ngā kēkē, i te tou. Whakamāngeongeo ana i te kiri kia tiori, kia ngawī. Kātahi rā hoki te hātakēhi!

Kāti! Kia hiwa, e Niwa. Kia ū, kia mau.
E raka te mauī, e raka te katau!

E tā! Ehara ehara!
Tēnā oro he taunga, nē hā?
Āe, ko wai atu hoki?

Ko Pāpā-pukuhohe nō te whare tapere.
Mō te whakangahau i a māmā, ko ia te mēne!
E Niwa, kei wareware … kaua e turituri, kia tau mārire.

I kō tata atu i te pātū kākāriki, te mahi a te kanohi kanapu ririki. He poniponi te hanga, kaha ana te hahana. Pūkanakana ana ānō nei kei te haka! Putē ana mai me te mea nei kei te hiakai!

'He aha kē ēnā?' Tā tuahine ui mai.

Ākene pea he pekapeka pohe. He paihamu pūhuruhuru e karore ana i te rohe. He wūruhi weriweri e aru ana i te kai, he tamariki pea tāna i minamina ai?

Kāti! Kia hiwa, e Niwa. Kia ū, kia mau.
E raka te mauī, e raka te katau!

E tā! Ehara ehara!
Tēnā hanga he taunga, nē hā?
Āe, e Niwa, he aha rā?

He hipi huruhuru! Engari tonu he whakamataku, te whākanakana mai o ēnā whatu.

Takitaro kau iho, ka āraitia te aho. Tērā te marama ka taukapo, kua ngaro.

Ka hua he ātārangi, auē ana a tuahine ka tangi.

'TE WETIWETI! Pakaru ana ngā hamuti.'

Wehi pai ana! Tēnei hanga he kaitā! Ānō he raiona rīrā, ōna matikara he pīrata. He taniwha whakahaehae, e puku ana tōna rae. He whakapakoko pīki poho, he anuanu te momo.

E Niwa, kaua e turituri!

Kāti! Kia hiwa, e Niwa. Kia ū, kia mau.
E raka te māui, e raka te katau!
E tā! Ehara ehara!
Tēnā hanga he taunga, nē hā?
Āe, he aha rā?
He poti māia! Ko Koru tēnā.
Kei māharahara, e Niwa.
Hoatu! E pao, Tōrea!

He pō marino, he pō whakamārie. Takoto tapapahu ana te whānau ki rō moenga.

Ngongoro ana a Pāpā Koro.
E hui ana a Kui, he take nunui!
Ko Pāpā, ko Māmā, haere ana te rekareka.
E tau ana ngā mōkai ki ō rātou nā peka.

Engari anō te tokorua, e konihi haere ana me he pōpokorua. Ko tungāne kei mua e whātaretare ana ki tua. Ko tuahine hei whiore, hāngū ana me he kiore.

Whakapinepine ana te punarua.
Ko Te Ao Tuhi, ko Niwareka e rua e rua.

Kei waho rāua, he ngahau te karawhiu. Kua wātea kau kia purea e te hau!

Ko Pare te Pūkeko Nanakia

Pine Tamahori Campbell

Whakawhiti ana a Pare te pūkeko ki te kimi kai māna. Kei terā taha o te huarahi ko te uru rākau hua a Pāpā Himiona. He kaiponu te Pāpā raka ki ōna rākau hua. Kei te tieki ia i ngā hua hei kairekareka mā ngā mokopuna ka taetae mai i ngā hararei. Kāore he mea i tua atu.

Kia tū a Pare ki terā taha o te huarahi, he tūmanako nō Pāpā Himiona ka kōnati te nanakia rā, ki raro i ngā wīra nunui, tekau mā rua o te taraka o Piuta. He kaihautū a Piuta mō tētahi ūmanga kawe rākau paina. I ia rā ka haere atu mā te Huarahi Matua o 35 ki Tūranganui-ā-Kiwa, ko te huarahi e whitia e Pare. Katakata ana a Piuta i te koi o Pare ki te whakawhiti i te huarahi me tētahi mea kei ōna ngutu.

I tae naihi nā te whitinga o te kāhui pūkeko a Pare ka whakatūria e Piuta tōna taraka. Parahutihuti ana ō rātou waewae rākau me he taua whakaeke pā tūwatawata te rite. Kei ō rātou ngutu ngā hua whīka a Pāpā Himiona.

Kei muri rā te koroua e whaiwhai ana i a rātou me tōna pū hurihuri tawhito.

'Ākuni koutou i a au, nāku ngā hua whīka, he kai mā aku mokopuna'.

'Yee haa!!! Hone Wayne,' te whakatoi a Piuta. E mōhio ana a ia i hoki mai a Pāpā Himiona i te Pakanga Tuarua o te Ao ki Ihipa.

Kanikani ana ngā hume o ngā pūkeko i a rātou e ngaro atu ana ki te repo harakeke ki tērā taha o te huarahi te kaenga o Pare mā.

Pūkorohia e Pāpā Himiona tōna pū hurihuri rā kātahi ka hoki ki tērā taha o te huarahi ki ngā rākau hua. Tautau ana ngā peka ki a Papatūānuku nā te nui o ngā hua. Māmā noa iho te peke whakarunga atu o Pare mā ki te kapo i ngā hua mā ō rātou ngutu.

Koirā te take kāore a Pāpā Himiona e poro i ngā peka ki te kani i te Hōtoke. He ngāwari mā ngā mokopuna ki te rapu kai mā rātou. Ko ngā whīka te tino kai a ngā mokopuna, a Pare mā hoki. Ko te mahi nui mā Pāpā Himiona, he kaupare, he aruaru i ngā pūkeko koi pau katoa ngā hua i a rātou te kai. Ehara i te mea ko ngā hua o ngā rākau a Pāpā Himiona anake kei te hiahiatia e Pare mā. Arā tōna hēti karukaru kikī ana ki ngā momo mea hei hanga kōhanga, ngā mea pīatatata hoki hei whakanikoniko i ō rātou kōhanga. Nā tōna kaiponu, ahakoa kōhaohao haere, rūhā haere, ka pupuri, ka mau tonu i a ia. Kāore he tatau o te hēti nei, ā, māmā noa te kuhu tika atu o Pare mā ki te hākari.

Tāpapa haere, kūpapa haere te kāhui nanakia a Pare i te poupoutanga o te rā. Itiiti noa ngā waka kei te huarahi. Kua ngakia te kakī o ngā pūkaha. Kua tuwhera ngā pouaka kai,

Ko Pare te Pūkeko Nanakia

kua tāhoro te kāwhe, kei te pānui niupepa ngā kaihautū taraka kua tū nei rātou ki te whakatā.

Kei te mōhio a Pare koirā te wā ka haere a Pāpā Himiona mā tōna waka hauā hiko ki te hoko niupepa, me te petipeti hōiho hoki.

Ka waiho tana kurī, a Rommel, hei kaitieki ki te kāenga. Engari he pērā hoki te hauoranga a Rommel ki tōna koroua, kua turi, kua kāpō hoki a ia. Engari kei te koi tonu te rongo o Rommel. He rongonui tērā momo kurī ki te taki rongo. Koina te take i tapaina te ingoa o te kuri rā ki tērā rangatira rongonui o Tiamana ki te Pakanga Tuarua o te Ao. He toa ki te ārahi i tōna ope taua ki te kōraha o Ihipa. He pērā hoki te rongo o taua rangatira ki te whaiwhai i te hoariri.

Engari kāore i mau i ngā kiore a Pāpā Himiona mā i a ia. He autaia taua rōpū kiore ki te wero i te taua whawhai a Rommel i ngā puke oneone o te koraha.

Kua mārama kē a Pare mā kia kaua rātou e whakatata atu ki a Rommel koi rongo atu ia i te kakara o te kāhui pūkeko. Kei te mahau o te whare a Rommel e moe ana. I te poupoutanga, ka huri te hau pārera ki te hau moana. Ka hiki ngā pongaihu o Rommel.

'Ahh kāore awau e rongo ki aua manu waewaeroa, hume tītakataka, ngutu nanakia kei waho i te kēti.'

Ā, nā wai rā ka takoto anō te māhunga o Rommel, ka rua, ka rutua anōtia ki te moe.

Nei rā te koi o Pare. Kua tieki a ia kia hipa atu tētahi taraka kawe kararehe i te kaenga a Pāpā Himiona. Kotahi atu tā rātou oma atu ki te hēti o Pāpā Himiona ki waenga i te haunga ka puta i taua taraka.

Engari a Rommel? Rukuhia te ihu ki roto i te kapu o ōna waewae mua. Auē te haunga o ngā hipi rā.

Kāore a ia e rongo i te taenga mai o te kāhui pūkeko o Pare.

Tīpakongia tētahi tōkena kōhaohao e Pare mai i te pūtu o te Koroua. Parahutihuti ana tana oma atu ki te huarahi, ka titiro ki te taha mauī, ka titiro ki te taha matau, ka tūngou atu tana māhunga, ko te takahi o ngā waewae roa he pērā ki te wīra. Whai muri tata mai te taua pūkeko me ngā tōrō, ngā waia, te puka petipeti tawhito, te pōtae wūrū me ērā atu e tautau ana i ngā ngutu. Me he kawau mārō tā rātou ngaro atu ki roto i te pāharakeke.

Auau ana a Rommel e ngana nei ki te whai i ngā pukeko ka tae ki te huarahi kua kuhu kē ratou ki te repo ngaro atu ai. Kāore a ia e rongo i ngā pūkeko i waenganui i ngā harakeke.

I te hokinga atu o Pāpā Himiona i te toa ka warea te hinengaro ki te wā i rō wāri huna rātou ngā kiore ki te whakarite he māhanga hei wero i a Rommel. Kake ake a ia i ngā puke oneone, he whāroa te tirohanga, he karaka te tae. Kua pakapaka kētia tōna kiri i ngā hihi koi rawa o Tama-nui-te-rā. Kua takaia tōna ūpoko ki te miro kia rite a ia ki te iwi kaenga, ko te Toureg. He iwi whawhai hoki mō tō rātou rangatiratanga.

Ka kitea e ia ngā waka e haere mai ana.

'Auē he Tiamana!' I pana a Pāpā Himiona i te kānuku.........

'E tū Pāpā Himiona, kei aituā koe!'

'Ngā Tiamana kei te tata mai.'

'Kāore Pāpā. Kotiti haere koe i te huarahi e aukati ana i ngā waka.'

'Mā mātou koe e āwhina.'

Hokihoki mai ana te mahara o Pāpā Himiona ki te ao i nōhia ināianei kei Uawa matua. Kāore ngā puke oneone, ko te Huarahi Matua o 35 e whātoro atu ki tērā muka.

'Arohaina mai e te whānau, he raru nō te kānuku o taku tūrū hauā.'

Ka kitea a Rommel e auau ana kei waho i tōna kaenga.

'Ko aua pūrari pūkeko!'

'Auē te hokinga mahara ki tā ratou mahi ko ngā kiore.'

'E kore ngā kiore i kupengia e Rommel, he pērā hoki a Pare mā.'

Menemene ana te kanohi o Pāpā Himiona.

Aua atu he rā anō āpōpō.

He Kuputaka	
aua atu	hei aha
Awau	Ahau
Ihipa	Egypt
Miro	Turban
Pūhurihuri	Revolver
Tiamana	Germany
Wari	Waddy

Affidavit in the Family Court: Ranginui vs Papatūānuku (Letter to the Climate)

Nadine Anne Hura

In the High Court of New Zealand:

No: FC-4928-30

Under the Care of Children Act 2004

In the matter of the separation of Ranginui and Papatūānuku

Between Plaintiff/Applicant: Ranginui-te-matua-o-ngā-tūpuna-me-ngā-mea-katoa

and

Defendant/Respondent: Papatūānuku-te-whaea-o-ngā-tūpuna-me-ngā-mea-katoa

Affidavit of Papatūānuku-te-whaea-o-ngā-tūpuna-me-ngā-mea-katoa

I, Papatūānuku-te-whaea-o-ngā-tūpuna-me-ngā-mea-katoa, solemnly and sincerely affirm that:

1. In the beginning, when we were younger, I didn't mind our closeness. I loved the connection and intimacy between us. I thought Ranginui's protective nature was a sign of love. I thought it was normal for a partner to check in constantly about where I was and who I was with and when I was coming back. I didn't realise that this kind of love can be unhealthy. The phrase 'take my breath away' is not meant to be literal.
2. After the kids were born, I started to feel myself drifting. I would go out to do the shopping and stay away for hours. When I got home, Ranginui would be irate, demanding to know where I had been. I once went to the mall with Tānemāhuta and declined Ranginui's calls three times. Our son said, 'Mum, you're going to get in trouble for that later.'
3. We went to see a counsellor. I thought the counsellor was good and understood me well. He explained to Ranginui that by holding on so tight, he was preventing me from fully expressing myself. He told Ranginui that he shouldn't feel threatened or afraid of my need for space. He said, 'Relationships aren't just about loving the person; they're also about loving the distance between you.'
4. Ranginui did not like the counsellor. He said he talked in riddles.

Affidavit in the Family Court: Ranginui vs Papatūānuku (Letter to the Climate)

5. After six months of therapy, I told Ranginui that I wanted to leave. I said I still wanted to parent together. Ranginui was furious. He said, 'If you leave, I will get custody of the kids.' I said, 'I will not leave without the children.' He said, 'Well, they will have to choose.'
6. Our daughter, Rūaumoko, overheard this conversation. She was only young and did not fully understand. The next day, she tried to make us a romantic dinner. Soon after, she began having terrible nightmares. I believe she was worried I would leave without her. She used to sneak into our bed at night, and Ranginui would wake and find her lying between us and become angry. Once, he locked Rūaumoko in her bedroom so she couldn't get out. Rūaumoko screamed and screamed and banged on the door so loud that the neighbours called the police.
7. Eventually, I moved out of our bedroom into the spare room. One night, Ranginui came and begged me for another chance. He was crying and pleading. The door was locked, and Tānemahuta was scared. He told his siblings to stay in the lounge while he climbed up the balcony and walked across the roof in the dark, smashing a window to get in and take his father away.
8. I went back to the counsellor. I said I was worried about the trauma I was inflicting on our children by trying to leave. The counsellor said that staying in a relationship that isn't working can be more harmful than leaving. He said that many children are happier and develop better relationships with both parents once they are separated.

9. The next day, I moved out and took Rūaumoko with me. Tāwhiri stayed with his father. Tānemahuta is old enough to go between both of us.
10. A text message (Exhibit A) is attached to this affidavit. It is from Ranginui, dated 28 June 2017. It says, 'Your need for freedom and selfishness has set off a chain reaction that neither of us can control. You have caused the destruction of our family and ruination of everything we created. Do you remember my telling you about the precautionary principle? You could never see what was coming over the horizon.'
11. A few weeks later, I woke to a cyclone of fury. Ranginui was at my door yelling, 'Let me in!' I stood on the other side and waited for him to calm down. After a while, I heard Ranginui whisper, 'I am so sorry, e te tau. Please forgive me.' A few moments later, Tama-nui-te-rā appeared and took Ranginui away.
12. I have not had direct contact with Ranginui since the separation. I have blocked all contact. He sometimes drives past my house at unexpected times. I have recently noticed his temper becoming much more volatile and unpredictable.

Signature of the deponent:
(Note: place your signature here after printing this document.)

Papa-tū-ā-nuku

Sworn/Affirmed* at Te-Upoko-o-Te-Ika on this 12th day of March 2018.

Affidavit in the Family Court: Ranginui vs Papatūānuku (Letter to the Climate)

R,

Well, I've done it.

I finally lodged the affidavit. I wish I could believe it's over, but I know things will never be over between us.

Do you remember our last night together? Do you remember how I asked if you believed that we were carved from the same piece of clay? You were stroking my face in the dark, and even though I couldn't see you, I could feel you watching.

You said, 'I don't know if we are carved from the same piece of clay, but I know I can't pull away, no matter how much it burns.'

I couldn't include any of this in the affidavit. I was advised against it. The court is only interested in the facts, they told me, not feelings. This is crazy when you consider that facts have very little to do with truth. Facts on their own are abstract. Rarely do they convey meaning.

The day you told me that the kids would have to choose between us forever, I knew I would never be able to be with you again. I left with nothing. I was cold all the time, shivering under the blankets as the lawyers excavated my wounds. There was nothing those miners' heavy claws were not prepared to take from me: oil, coal, stone, iron, the very essence of my being – filling the holes left behind with lies.

Somewhere deep in my core, I was boiling, sweating, burning. But on the surface, I could not stop shivering.

Only Rū understood – then and still. An invisible pulse marking time. Rū taught me how to settle, how to start over, rebuilding from liquid ash. Rū taught me about resilience. Patience. The power of silence. That daughter of ours is more fierce, more tenacious than all her siblings combined. Maybe that's why you and everyone keep her at arm's length. Everyone underestimates the pōtiki.

If anyone asks what hurt the most – which the court never will, by the way – I will tell them that it's not the misrepresentation of my story. It's not the fact that I have always been portrayed as passive and mute. It's not even your false accusations of selfishness. What hurts the most is that somehow the children became convinced that our separation was their fault. Tore themselves up over it. Siblings at war. When Tāwhiri ripped out his own eyes in your defence, I couldn't watch. I turned over.

At any point, you could have intervened. You could have said something to set the record straight. A person is always free to walk out, to let go, to turn away. Blame is irrelevant when you're writing an inventory of lost things. Loss is loss.

But you just tucked those jewels inside your chest as proof of your righteousness and carried on.

Tāne only calls me now when he's drunk. Do you know how much he looks up to you, wants to be like you? I can see it, even though he won't admit it himself, yet no amount of drink can ease the awful weight of blame heaped onto his shoulders. Heaviest of all is his own conscience: the knowledge that in order to stand up for me, he had to stand against you.

Sometimes, regret is so sharp, you can touch it. The tip of a blade, aimed inwards, wants to make a butterfly of your chest. Just because you do the right thing doesn't mean there isn't a price to pay. I am not sorry. I do not regret it. Sometimes there can be a hundred reasons to stay and only one to go, and that one reason outweighs all the rest.

But I would be lying if I didn't admit that, some days, the rain drives so hard it splits me in two. We have children together. To deny you is to deny them, and I will never do that. Yet here we are,

Affidavit in the Family Court: Ranginui vs Papatūānuku (Letter to the Climate)

headed to court with evidence heavily weighted in your favour. Folders and files and records and predictions. RCP modelling pathways tracking your temperatures under different scenarios from 1.5 degrees of warming to 1.8 degrees as though I don't even have a name in this story, let alone a voice.

It's hard to speak when you suspect no one's listening. Everyone is obsessed with what can be done to mitigate the force of your wrath, the speed of your changeable moods, the inevitability of collapse.

But no one seems to be paying attention to the reasons why. The 'evidence' keeps everyone distracted, looking up when they ought to be looking down. Or more precisely, looking within. Without my story to balance the narrative, the evidence is just a collection of facts devoid of meaning and divorced from truth.

It's ludicrous to think that a court might be capable of restoring this disconnection between us. Only our children can do that, and I believe one day they will. After all, we are no different from any other family: flawed, beautiful, mad with grief, love, betrayal, laughter and lessons hard learned.

When the counsellor said that the trick is to love the bright chasm from which the light not only escapes but also illuminates what otherwise would never be known, he wasn't being clever. He was trying to help. It's not so much of a riddle. Don't you see? Without the negative space, there is nothing at all. This is a master class for all who have ever loved me.

The gift is not that anyone owns me. The gift is that, for a time, we belong to each other.

Yours, P.

Jonas Was Not a Brave Boy

Steph Julian

Jonas was not a brave boy. Nor, even, a big boy. Jonas was small, weak and, to be fair, a bit of a wimp. But that didn't stop him. When the challenge of the feral badgers was put to him, he rose to it. I mean, what choice did he have? This is his story.

In a snowy pocket of suburban Oslo, a small neighbourhood of tight-knit Norwegians had adhered to the tradition of warning their young ones against playing in the extremely enticing and hauntingly decrepit barn at the end of the street. Well, not really a street and not really a barn, but the skeleton of a used-to-be barn at the end of a dead-end corner of what was, otherwise, a very nice place for a small boy. Just ask Jonas.

The youngest of four boys, Jonas was used to being farted on. And sat on. And pushed into doorways when his mother wasn't looking. He was bruised from dusk till dawn and rarely had a moment without a Band-aid covering a brother-inflicted injury.

Magnus was the oldest, biggest and meanest. His physique resembled a moose in XXL size. His nature – less placid. Torjus came next, slightly smaller but dumber, which was dangerous when under big brotherly instruction. Then Henrik – quite evil, mercifully pre-growth-spurt. Ages don't matter, just height-to-weight ratio, dastardliness and hand-eye co-ordination. The three of them could have competed in the Olympics in the terrorising-younger-brothers event. Gold medals all round.

The only chink in their cumulative armour was their devotion to the barn. The 'barn' was in fact the bones of what would have been an impressive farmhouse for Vikings to lay their heavy heads in. A soft place of slumber after a heavy evening of pillaging and sailing frozen fjords. Jonas imagined it had been red, of course. White detail, perhaps – a small relief from the bloodied blot on the horizon. Who knows what animals had been stored within the now gaping doors. Massive oxen? Reindeer with full antlers – no less than twenty-four points each? Trained polar bears used to towing clunking farm machinery? No one could be sure. Those who remembered were long gone, and the stories they had passed on were shaped by years of Akevitt-fuelled camp-side stories, growing in haunting terror each year.

A family of badgers had made their home in the barn a hundred years ago. They'd bred, grown, mutated in fact, and now ruled the barn as their own feral empire. They were a sight to behold. Not small, not put off by the shaking of a boot in their general direction, nor a raised 'woohooo!' with hands held overhead and an indirect splash from a garden hose. The badgers ruled the cul-de-sac. No one crossed the section they reigned over. They wouldn't dare.

The badgers were a family that ruled with the iron fist of a badger mafia. They made men. They broke souls. They terrified children and grown men alike. Skiers opted to take the long way, giving them a berth deserving of a plague. The stories were exaggerated, sure, we all knew, but the little glimmer of truth that had sparked the fable was enough to evoke fear in all.

The story went like this – if you happened upon the badger family, it would attack you. If you dared disturb them while eating, nay, feasting on their foraged delights, they would attack in a highly co-ordinated, devastating onslaught. Their sharpened fangs would reflect the moon's tremulous rays as they launched themselves at you, shaking your limp body like a cat might a mouse. The rumour, steeped in truth, was that the badgers would bite until they heard the crack of human bones, only then releasing the steadfast lock of their jaws. They would draw their dagger teeth out of peppered bones, ripped flesh and masticated skin with the slow satisfaction of a werewolf, full and dripping from its midnight kill.

Jonas knew these stories as well as any other child. He felt the thrilling heat of running at top speed while the blinking yellow eyes glowed from the shadows of the barn. The distance gave Jonas and his young friends the confidence to laugh, to taunt each other with lies about badgers chasing them. The gall to run their fingers up each other's necks, shouting 'it's the badger! He's on your head!' before screeching in delight as the terrorised scream of little Lars or Johan quickened their feet on the run home in the mid-afternoon darkness.

Magnus, of course, had the best stories about the badgers. He said that they mutated with each generation, growing sharper teeth and bigger bodies and wilier instincts. He said that they had evolved to smell fear from a mile away, that, in fact, they could smell the sweeter flesh of the smallest child in every household and, at night, they planned an attack on each of these unsuspecting victims. Magnus claimed, kind of heroically, that he had managed to fend off the badgers so far by guarding Jonas's window and redirecting them to the younger children down the way.

'But no one has died yet? Who have the badgers taken?' said Jonas, confused but still untrusting of his bullock of a brother.

'Not taken them, no, but they're building up a taste for them. Maria's glove, missing, right?'

A solemn nod. It was true, the snowflake-embroidered mitten had actually disappeared the week before.

'Getting her scent. Her shoe will be next. Classic badger behaviour. They wanted something from you, but I scared them away. You're lucky to have me. Really.'

And for the first time, Jonas had to admit, maybe he was lucky to have such a prized moose as a sibling. He even snuck his small hand into Magnus's, looking up into his distant face with an adoring gaze.

'Ew! Let go of me!' Magnus flung Jonas's hand away as though it was a rotten core, sending it, and by approximation, Jonas, flying down the length of their hallway, ricocheting off the walls as though he were a table tennis ball.

Rubbing his bruised skull, Jonas surveyed the damage to himself and the hallway. A small egg was forming on his forehead, and two framed photos had been shaken from the wall. One, showing his father standing proudly behind Torjus as he was awarded Player of the Season for his ice hockey team two years ago, Jonas replaced in its faded square on the wall. The other one, which lay face down on the matted carpet, was in a smaller frame. Jonas flipped it over and wiped the grimy dust from its glass.

The face of a small boy stared back at him. Uncle Aksel. Wide-eyed and frozen in a state of perpetual astonishment, Uncle Aksel must have been only four when the photo was taken. He had died the following year, drowning on a pitch black winter's afternoon. He'd been less than a hundred metres from home. Jonas thought how strange it was for a little boy to be his uncle, his senior, yet always be younger than he was now. It didn't make Jonas sad, though – he'd never got to know him, of course, and he replaced the frame with more concern for maternal repercussions than any thoughts about his poor dead uncle.

But if one thing is true, it is this – youngest children get pushed only to their breaking point. Then they either plot their revenge, which must be spectacular, or they face an infinite future of being the butt of every joke, the scapegoat for every ill-advised adventure and the literal doormat for those bigger and scarier than them.

As Jonas rubbed the throbbing bump on his head, he realised that this was his breaking point. It was now or never. He had reached his threshold of big brother beatings, and now, he had to take out the kingpin. He had to dethrone Magnus.

He stared back at the gallery of framed faces; his mother had a real thing for family photos. He imagined that they were cheering for him, all those old, dated, faded and, mostly, dead people. He smiled and went to his room to devise his plan. He didn't notice the yellow eyes of Uncle Aksel blinking at him as he walked past.

Jonas decided to utilise the terror of the badgers to undermine Magnus's power. He wasn't exactly sure how he would do this (planning wasn't really his strong suit), but it involved Magnus being petrified and crying for forgiveness.

He began by setting a trap. Not for Magnus, but for the badgers. He just needed to catch one and let it loose in Magnus's room. A small one, preferably. Jonas found the cage they used to take their now deceased cat to the vet. He fashioned its door to snap shut when weight was placed inside it. At the very back of the cage, he put some bait – a deliciously pungent combination of peanut butter and dog biscuits.

That night, when he was meant to be in the bath, Jonas crept to the old barn. He needed to leave the trap close enough to attract a badger, yet not so close that he became the bait himself.

It was more than the frozen night air that made it difficult for Jonas to catch his breath. Shaking from fear is a lot more violent than shaking from cold. He placed the trap down and backed away from it slowly, his eyes fixed on the gaping windows of the barn. He was sure he heard scratching feet, and before his brain could even send a message, his feet began racing home of their own accord.

In the morning, he woke early to check the trap.

Nothing.

Three more nights passed, and still there was nothing. The peanut butter had frozen into clumps of sticky dog biscuit balls, so he decided to spice up the bait. He added, rather morbidly, some tufts of his own hair from his hairbrush, lacquering them onto balls of dog food with maple syrup and adding more nuts and some frozen berries from his mum's smoothie mix.

The next morning, he set his alarm for 5.30 a.m. He took the big heavy torch from under his bed and silently made his way back to the trap. Snow had built up on one side of the cage, making it impossible to see what, if anything, was inside. Jonas didn't bother to slow down as he approached it. He was not confident that this morning would be any different from the last few mornings. But, as he got nearer, he heard the angry hiss and snarl of a wild animal. Jonas fell back into the snow in shock.

Crawling forward, Jonas circled around to the front of the cage and shone his torch inside. He had caught a badger! The monochrome creature drilled its yellowed stare into Jonas's eyes, locking him in a silent glare. And then the spell was broken, and the badger hurled itself at the side of the cage, tipping it onto its side and screeching with frustrated fury.

Jonas was awestruck. What was he to do now? He hadn't planned this level of detail! How could he get the badger back to his house without losing a limb himself? Jonas needed to think this through. He sat down, too adrenalised to feel the numbing sensation of snow through his pyjama pants.

Suddenly, he had it! He would go home, get a ski pole and use it to hook the cage, keeping it a safe distance from him, and drag it back to the garden shed, where he could keep the badger until the evening, when he could enact his triumphant plan on Magnus!

To be honest, the plan worked better in his head because even with the four feet of safety a ski pole offers, that is still very close to an angry, mutated, feral badger, and Jonas had to stop himself from screaming and running away with every step. He had to keep reminding himself that without a dramatic event,

Magnus would spend his entire life torturing him, and Jonas would never be anything but a beaten up, laughed at little brother. He had to be brave.

Finally, he got the badger back to the garden shed. There was no time to lose. That night, he prepared to play his winning card. He was on the precipice of greatness. The badger was a catalyst for changing the direction of Jonas's entire life. He could feel it in his bones.

As a gleaming full moon rose into the inky sky, Jonas ran a bath that he would not take for the fourth time that week. He trailed his fingers through the water a few times to make it sound like he had lowered himself in, not that he thought anyone cared enough to be listening, and then, like a liquid shadow, he took his trusty ski pole and snuck down to the garden shed.

It was so silent outside and he was so nervous that, when a stick cracked under his foot, Jonas jumped so abruptly that he bit his tongue. Within moments, the basin of his mouth was filled with his own blood. He spat into the snow at the doorway of the shed and wiped his glove across his face. Using the heel of his hand, he rapped the top of his head to clear his mind. This had to go perfectly.

Jonas had to push the door open with his shoulder. The badger must have thrown itself against the side of the cage hard enough to wedge it against the door. A low hiss sounded as the door slowly creaked open. The pulse in his neck snapped like a gun.

Blinded by darkness, Jonas managed to spear the ski pole into the squares of the cage and manoeuvre it outside. The low hissing continued; the whispered threats implicitly clear. He decided not to look back at the cage, (although, to be fair, he wouldn't have been able to see anything anyway), and he imagined himself as a soldier marching into battle as he dragged the cage behind him.

He rounded the outside of the house and stopped beneath Magnus's bedroom window. A low light shimmered from inside. He was on his phone. Doom-scrolling, they called it. Jonas slipped his glove off and, with his bare fingers, prised the window open. Ambient sounds from inside his home smothered the silence of outside. In the distance, he could hear his parents loading the dishwasher, Torjus and Henrik watching football.

It was now or never.

Summoning the braveness he didn't know he had, Jonas grabbed the cage handle, mere centimetres from the frothing animal within, and hoisted it up to the open window. Pushing against the flailing curtains, Jonas reached over and unlatched the cage. The badger knew this was his route to freedom. He didn't waste a moment. The useless fabric of the curtains ripped like paper as the badger's claws surged through it.

'What the …!' Magnus screeched. Jonas hoisted himself up into the window frame. This was the moment he would reap his reward. He swiped his phone on, camera at the ready, to capture the blackmailable evidence of his sibling superiority. Fear battled with his innate desire for revenge. The window frame was slick with ice, and Jonas failed to get a purchase. As he slid down, he saw his brother leap to his feet and swing a foot at the badger as it steam-trained towards him. Magnus's aim was true, and the badger sailed through the open window. Jonas slipped as the badger's black-and-white cloak brushed his fingertips. His head smacked on the frozen ground.

Jonas blinked at the image of his brother staring down at him. The shutters on his eyes closed as his consciousness fled. His brain, jolted loose by the impact, curdled and swelled. Blood from his ear stained the snow like a halo.

Jonas did not hear his brother scream his name, nor did he feel the return of the badger who, in the shadow of darkness while Magnus roused their parents, bit cleanly into Jonas's pale wrist. Two teeth marks so small that the hospital band covered them nicely, while Jonas lay in a coma for the next two weeks.

When they buried Jonas, they said, 'Jonas was not a brave boy, but he was a good boy.' They were wrong on both counts.

And watching from the dilapidated barn, as the lifeless corpse of a young boy was lowered into the ground, were the fresh eyes of a new badger – yellow and keen. And, under watchful guardianship, this young creature fixed his stare on the biggest brother.

The blood pooled in its mouth.

Te Koha Tūmatarau

Jacob McGregor

Kua roa au e tatari ana ki tēnei rangi, ki taku rā tuatahi ki te whare wānanga. Kei taku moenga au i tōku rūma kei te papa tuarua o te whare. E mātakitaki ana au i te matawā e iri ana i te pakitara. Kātahi anō ka whitu karaka i te ata, kei te pōuri tonu a waho. Hei te haurua mai i te whitu ka tae mai tētehi pahi ki te tiki mai i ahau.

Kia pono aku kōrero, kāore au i moe inapō, he hīkaka nōku. I takoto noa au i tōku moenga mō te pō katoa e whakaaro ana ki ngā āhuatanga o tēnei whare wānanga. I wehe au i taku moenga i te rima karaka ki te whakarite i a au mō taku haerenga. I horoia taku tinana, i kainga te parakuihi, i whakaritea aku pēke, ā, ka hoki anō au ki taku moenga tatari ai. Kua kotahi hāora au e tatari ana.

Kei te whakaaro pea koe, he aha au e hīkaka ana, he whare wānanga noa iho hoki tēnei nē? Kia mōhio mai, ehara tēnei i te whare wānanga pēnei i ngā mea e mōhio whānuitia ana. He whare wānanga tūmatarau tēnei mō ngā tamariki a ngā tupua, a ngā tohunga, a ngā atua hoki. Arā, ko au tētehi o ērā. Ko Te Koha tōku ingoa, he tamaiti au nā tētehi tohunga tūmatarau me tētehi atua. Nau mai ki tōku ao.

Ko Te Wai tōku whaene. He tohunga tūmatarau ia. Ka kīia tōna momo he kairaranga. Engari kāore ia e raranga i ngā muka o te harakeke. Ko tāna kē e raranga nei ko ngā mea kāore e kitea ana e te karu – ko te mauri, ko te ihi, ko te mana. Ka whakamahia ērā me āna kupu ki te waihanga i āna mākutu. He ātaahua te titiro atu ki a ia e mākutu ana. Ka pōwaiwai ia i ōna ringaringa ānō kei te mahi raranga, ka waiata hoki me tōna reo iere, ā, i ētehi wā ka karanga atu ki te rangi. I te nuinga o te wā, ka whakamahi a Māmā i āna mākutu hei whakaora, hei whakahaumaru rānei – hei tauira, kua kite au i a ia e whakaara ana i tētehi tūpāpaku tupua nō tō mātou ake rohe. Heoi anō, i ētehi wā, ka whakarite mākutu ia hei patu, hei whakamate rānei, me te kino hoki o tērā āhua.

Ko tōku pāpā he atua. Kei te mōhio pea koe ki a ia? Ko Tāwhirimātea. Ko ia te atua o te huarere me te āhuarangi. He nui tōna mana, he nui hoki tōna kaha. Kua kite au i a ia e rāwekeweke ana i ngā kapua, e porowhiu atu ana i te uira ānō he taki, e whakaheke ana i te marangai. Ahakoa tērā, he atua hūmārie, he ngākaunui ki te tangata me te tupua, ka mutu, he nui tōna aroha ki a māua ko Māmā. Kāore hoki ia i pērā i te tīmatanga o te ao. Kāore e kore kua rongo kōrero koe mō te wehenga o ōku kaumātua, o Papatūānuku rāua ko Ranginui. He atua pukuriri tōku pāpā i taua wā, koirā te take i pakanga atu ai ia ki ōna tuākana, ki ōna tēina, ki ōna tuāhine hoki. Engari nā te patunga a tōku matua kēkē a Tūmatauenga i a ia, i tīmata ai te panoni haere o tōna āhua. I roto i ngā tini tau kua pahure, kua rerekē katoa tōna āhuatanga. Ināianei, he atua whakaiti. Kāore ia i te kimi utu mō ngā hara ōna tuākana, kei te hiahia noa ia i tēnei wā ki te whakapai ake i te ao e noho nei tātou katoa, ahakoa tupua, ahakoa tangata, ahakoa atua. Koirā tētehi o ana akoranga nui ki ahau. Koirā hoki te take i tapaina nei au ki tōku ingoa, ki Te Koha, kia kaua e wareware i ahau te haepapa matua o te tupua me te atua i tēnei ao – arā, ko te tū hei koha mō te ao.

I tūtaki atu tōku pāpā ki tōku whaene i te rua tekau tau ki mua. I tētehi hui tūmatarau tōku whaene me ngā hoa o tōna ope tohunga wahine. I te hiahia rātou ki te whakaaweawe i te āhuarangi, arā, ki te tinaku i te āhuarangi hurihuri pūtangata. Kāore rātou i pai ki te mahi a te tangata i tēnei ao ki te āhuarangi me te huarere. I te mate haere ō rātou ngahere, i te pirau haere hoki ō rātou wai. Nā reira ka hui rātou ki te whakarite i ētehi mākutu kaha rawa. I tīmata tōku whaene ki te karanga atu ki ngā atua me kore noa ētehi e tahuri mai ki tā rātou kaupapa. Nā te kaha tuku a tōku whaene me te rerehua o tōna reo, i titi atu ki te ao wairua, i tae atu ki te wāhi noho o ngā atua. I reira tōku pāpā i taua wā e tuku ana i āna kapua. Ka rongo ia i te reo wainene o tōku whaene, ā, ka hiahia ki te kite i tōna kanohi. Ka tere tana rere whakararo ki te mata o te whenua, ki te ope tūmatarau. Ka huna ia i roto i ngā rākau o te ngahere. Ka kitea atu tōku whaene e raranga ana i ana whaiwhaiā, e tuku ana i tana karanga, ā, ka rongo ia i te aroha. Kātahi ia ka puta atu i ngā rākau ki te whakaatu i a ia anō. Ka hinga te nuinga o te rōpū i te wehi, engari anō a Māmā, ka tū tonu ia, he kaha nō te toto tupua e rere ana i ōna iaia. Ka whakatata atu tōku pāpā, ka whakamōhio atu ko wai ia, ā, ka kī taurangi i tana kaha tautoko i tā rātou kaupapa. Mai i taua wā tā rāua noho piri tahi. Ka mutu, ko au tētehi o ngā hua o tā rāua piringa.

Nō te wā ka whānau mai au, ka rerekē katoa tō rāua ao. Ka whakatārewahia te pakanga atu ki te āhuarangi hurihuri pūtangata, ka tīmata tā rāua poipoi i ahau. He rite tonu tā rāua kōrero mō te uaua o taua wā, arā o te whakatupu i tētehi tamaiti tūmatarau. I a au e kōhungahunga ana, ia te wā ka tangi ahau, kua heke te ua ki waho, ki roto hoki i te whare. Ia te wā, i pukuriri ahau, kua rere te uira i ōku ringa, kua whiua atu ki ōku mātua, ā, kua mate rāua ki te karo. I pērā tonu tā mātou noho tae noa ki te wā ka rima ōku tau. Nō taua wā, ka mutu taku tangiweto, ka waia haere au ki ngā pūkenga keii a au, me te koa o ōku mātua ki tērā. Ka pahure te tau, ka tupu tonu au, ka pakari haere hoki ōku pūkenga, arā, ko te whakaaweawe i te huarere me te mahi mākutu, pērā i ōku mātua.

Kātahi anō au ka eke ki taku tau tekau mā waru. Ināianei, ka taea te kī atu, kua mātanga ahau ki ēnei pūkenga tupua ōku. Koirā pea te take i kōwhiria rā au hei tauira mō tēnei whare wānanga. Kia mōhio mai koutou, tokoiti noa ngā tupua pēnei i ahau ka whakawhiwhia ki tētehi tono. Kua tāpirihia taku tono – he reta – ki te pakitara o tōku rūma hei whakamaumahara i te hiranga o tēnei āheitanga.

Mō te nuinga o mātou ngā tamariki a ngā tupua me ngā atua, ka haere ki tētehi kura kei tō mātou rohe. Kei Taranaki ko Te Kura o Te Kāhui Rere. E waru ngā kura huri noa i te motu, mai i te hiku o te ika ki Rakiura i te tonga. Ka whakaakona ngā tauira e rima ki te tekau mā waru ngā tau te pakeke. Ka mutu ana te kura, kua hoki te nuinga ki te mahi ki ō rātou hapori. Kua hoki ngā patupaiarehe me ngā tūrehu ki te ngahere. Kua hoki ngā tupua ahi ki ngā puia. Kua hoki ngā tupua wai ki te moana me ngā awa. Ko ētehi atu, mēnā kāore i te nui te kaha, mēnā rānei he tino tangata te āhuatanga, ka noho ki roto i ngā hapori o ngā tāngata. Heoi anō, ko ērā atu, pēnei i ahau, ka pōwhiritia kia haere atu ki tētehi whare wānanga tupua ā-motu e kīia nei ko Rangiātea. Kei tētehi motu tēnei whare wānanga nui, e tawhiti atu ana i te whenua o Aotearoa, e huna ana ki ngā karu o te tangata. Ko mātou ngā tupua me ngā tohunga anake ngā mea e āhei ana ki te kite atu i te motu nei. Ko tōku māmā tētehi tauira i tōna wā, me te nui o āna kōrero mō te pai o tana wheako. Ka mutu, ko tōku pāpā tētehi o ngā atua nā rātou tēnei whare wānanga i whakatū. Koirā te take e hīkaka ana au ki te haere atu, koirā hoki te take kua roa nei au e tatari ana ki tēnei rangi.

Kātahi anō te wā ka hauwhā mai i te whitu, kua ara mai te rā ki te rāwhiti. Ka rongo au i tōku māmā e kōrero ana. Ka rongo hoki i te reo ngunguru o tōku pāpā. Kāore e kore kei te kōrero rāua mō taku wehenga atu. Kia haere au ki a rāua i ēnei meneti whakamutunga ki te whakarite mō taku haere. Ka tū ake ahau, ka tīkina āku pēke, ka puta i te rūma. Ka heke haere i ngā arapiki.

'Te Koha, ko koe tērā?' te karanga ake a Māmā mai i raro, me te ātaahua o tōna reo.

'Āe, Māmā, kei te heke atu au. Tekau mā rima meneti, kua tae mai te pahi!' taku whakautu.

Ka tau atu au ki te papa tuatahi e noho mai ana ōku mātua. Ka kite atu au i tōku whaene i te kīhini e pōwhiriwhiri ana i ōna ringa. E mau ana ia i tētehi panekoti mā, he panekoti roa, koirā ana tino kākahu. Ko te āhua nei kei te raranga ia i tētehi mākutu, kāore au i te mōhio he aha tāna e raranga nei? He kaiwhatu pea mō taku haerenga, he rongoā rānei mō tētehi tupua i tō mātou hapori? Ka mene mai ia ki ahau, ka tūngou tōna ūpoko, ka hoki anō ki tāna mahi.

'Kua reri katoa koe e tama?' te pātai mai a tōku pāpā. Ka rongo au i te hīkaka o tōna reo. Ka huri whakatematau tōku kanohi ki tō mātou rūma noho. Ka kitea ia i reira e noho ana i tā mātou hāneanea e mātakitaki ana i te pouaka whakaata. Kei te mau ia i tētehi hūtu, he kaupapa pea tāna i te rangi nei. Ko te hongere huarere tāna e mātakitaki ana – he rite tonu tana whakawā i ngā kaimatapae huarere kia kitea ai mēnā rānei ka tika ā rātou mahi, me te hōhā a Māmā ki terā.

'Āna, e Pā, i moata taku oho i te ata nei ki te whakarite i aku mea.' Ka haere atu au ki tōna taha, ka whakatakotoria aku pēke ki te papa, ka noho ai ki te tūru i tōna taha. 'Kua whakaurua mai ki roto i aku pēke ko ōku kākahu, ko taku paraihe niho, ko ōku pukapuka tūmatarau me ērā atu o ōku taonga whaiwhaiā. Katoa ngā mea e tika ana mō taku haerenga ki te whare wānanga, kua whakaurua ki roto.' Menemene mai ana tōku pāpā.

'Taihoa koe e te tau, kotahi tonu te mea e toe ana hei kawenga māu,' te kī mai a tōku whaene. Kua mutu tana mahi raranga tūmatarau, ka puta ia i te kīhini, ka noho mai ki ō māua taha ko Pāpā. 'Anei, hei whakahaumaru i a koe.' Ka hīkina ōna ringa, ka tau ki runga i ōku pokohiwi ānō kei te whakatakoto i tētehi korowai. Ka kī ake, 'Kua tau.' Ka rangona tētehi mahana ki tōku tuara, ka tau tōku wairua. Kātahi ia ka noho ki tōku taha, ka pupuri i ōku ringa. 'I moata taku oho ki te whakarite i tēnei mōu. He korowai hei kaupare atu i ngā mākutu a ō hoariri, hei whakatau hoki i tō mauri mehemea ka āmaimai,' tāna i kī ai.

Ka awhi au i a ia, ka kihi atu ki tōna pāpāringa. 'Tēnā koe i tēnei korowai tūmatarau, Māmā.' Ka mene mai ia, ka miri i tōku pāpāringa ki tōna ringa. Ka kitea i ōna whatu te hōhonu o tōna aroha.

'Hei tāpiri i tā Māmā,' ka kī atu a Pāpā, ā, ka huri atu anō au ki a ia. Kua āhua taumaha tōna reo, he take nui tāna hei kōrero atu pea? 'Kāore au i te hiahia whakamāharahara i a koe, engari, nō mua tata nei ka rongo mātou ko ētehi o ngā atua i ētehi atu tupua, i ētehi atu tāngata hoki e taki karakia ana ki a mātou. Ko ēnei karakia he tawhito, mai rā anō. Ka mutu, he kino ngā kupu o roto, he kino hoki ngā hiahia o ngā kaitaki. Ko tā rātou e hiahia nei, ko te whakapiri anō i a Ranginui ki a Papatūānuku. Mēnā ka pērā, ka turakina katoatia te ao e mōhio nei tātou.'

Ka noho ngū ia, otirā mātou katoa mō tētahi wā poto. Ko tēnā, ko tēnā o mātou ki ō mātou ake whakaaro. 'Ehara i te take nui i tēnei wā,' ka haere tonu a Pāpā, 'kāore mātou ngā atua e aro atu ana ki ēnei kaikarakia. Ko te mate kē, ki te tautoko atu tētehi o mātou, ka puta mai he raruraru nui, ā, ko tētehi pakanga te haere ake nei.' Ka hīkina tōna kauae, ka titiro whakarunga, ānō ko ngā maumahara o ngā pakanga atua o mua e puta ana i tōna hinengaro. Ka hā ki roto, ka hā ki waho, ka kōrero tonu, 'Nō reira, kia mataara koe. Ki te rongo koe i ētehi e kōrero pērā ana mō te whakapiringa anō o ōku mātua, whakamōhio atu ki ngā kaiako – he pai te nuinga o rātou – waea mai rānei ki a māua ko Māmā,' ka mutu tana kōrero i reira.

Āhua āwangawanga ahau ki tērā, ka pupū ake te āmaimai ki roto i a au. Heoi, nā te korowai kaiwhatu i rarangahia e tōku whaene, ka tau anō ōku kare ā-roto. Ka mea atu au, 'Kei te pai, e Pā, tēnā koe i tō whakamōhio mai. Ki te kite au i tētehi mea rerekē ki te whare wānanga, ka kōrero au ki ngā kaiako, ka waea rānei ki a kōrua.'

'Tēnā hoki koe e tama,' te whakautu a Pāpā. 'Kaua hoki e wareware ki te nui o tō mana – he tamaiti koe nā tētehi atua, nā tētehi tohunga tūmatarau hoki. Mā tērā mana koe e haumaru ai, mā tērā hoki koe e arataki.' Ka tōia au ki tōna poho, ka tōia hoki a Māmā. Ka awhiawhi mātou, ko au kei waenganui i a rāua e rongo pai ana i tō rāua aroha nui ki ahau. Tau ana tōku wairua.

Kātahi mātou ka rongo i tētehi pūtaratara rarahi e pakō ana ki waho. 'Ko tō pahi tērā, e tama!' te kī mai a Pāpā. Ka tiro atu au ki te matawā kei te pakitara o te whare, ka kitea atu, kātahi anō ka haurua mai i te whitu. Kāore e kore ko te pahi tērā!

Ka tū ake mātou katoa i te hīkaka, ka kotahi atu ki te kūwaha, ka huakina, ka titiro atu. Ka kitea tētehi pahi e topa ana ki runga i te rangi, e rere mai ana, me te autaia hoki o te hanga. He pahi kōwhai, pērā i ngā mea i ngā kiriata, engari he parirau nui kei te tuanui, me he manu kaitā. Ko te āhua nei he mā ngā rau, pērā i te toroa. Ka pakipaki ngā rau, ka huri haere te pahi, ka rere whakararo, ka tau ki te papa ki te tiriti o tō mātou whare. Nō tana taunga ki te papa, ka pōkaia ngā parirau ki te tuanui, ka kitea ētehi kanohi e noho ana i roto, ko ētehi he kanohi e mōhio ana au, engari ko te nuinga he tauhou. Ka kī katoa te ngākau i te manahau.

Ka huakina te kūwaha o te pahi, ka puta mai te kaihautū. Ka tū ia ki te tiriti me te ringaringa mai ki a mātou, ka hāparangi, 'Tēnā koutou i tēnei ata! Tēnā koe Tāwhirimātea, tēnā hoki koe Te Wai. Kua aua atu te wā! Kei konei ahau mō Te Koha. Kei konei ia?'

Ka tīwaha atu tōku pāpā, 'Tēnā hoki koe e Turi. Āe, kei konei tā māua tama a Te Koha.' Ka ringaringa atu ahau me taku whakamā i te nui o ngā karu e mātakitaki mai ana i te pahi. Ko ētehi e tohu ana ki a Pāpā — koinei pea te wā tuatahi e kite ana rātou i tētehi atua.

Ka huri atu tōku pāpā ki roto i te whare ki te tiki i āku pēke.

Ka kī atu a Māmā me te rūrū i tōna kōroa ki a Turi, 'Tiakina mai tā māua taonga, e Turi! Ki te kore, he raruraru kei te haere!' Kei te whakatoi noa a Māmā, engari ka pōrahurahu te āhua o Turi. Kua wheako pea ia i ngā mākutu kino a Māmā. Ka kata au i tērā whakaaro.

'Āe, Te Wai, māku ia e tiaki, kaua e māharahara,' tā Turi. 'Nō reira, Te Koha, kua reri koe? He tupua anō kei Whanganui e tatari ana ki a tātou. Kua haere nē?'

Ka hoki mai a Pāpā me ngā pēke, ka homai ki ahau. Ka mihi atu au. Ka tukua mai ā rāua ko Māmā kupu poroaki. Ka hongi au ki a Pāpā, ka hongi au ki a Māmā, ka tahuri atu ai ki te pahi. 'Kei te haere atu au!'

Awa

SARAH McONIE

The boy runs his hand in the river. Swirls and eddies flush and fold around his long fingers, washing away the encampment, the boots and the sergeant with his thin hands and disapproving mouth. The boy can see him from his lookout point on the steamer, stalking back to his tent like a large insect, all sharp edges and lines, before he is swallowed up by the fog as the boat pulls away from the shore.

He didn't stand on the dock to wave them off, had barely even looked up to say goodbye as he signed the papers for the transfer of the prisoner, arranged the boy's new regimental orders and briefed the boatman on the task at hand. The boy had stood by awkwardly, awaiting further instruction, or some kind of farewell. He had, after all, been with the regiment since he arrived in this country at twelve years old – a boot boy attached to his older brother, who was already a fully signed-up soldier in the militia.

Their mother had been intended as a cook and seamstress, and he would have been helping at her side until he came of age, but she had failed to survive the last leg of the trip there. And so, they had begrudgingly allowed him to stay on as a boot boy and general dogsbody, passing time until he could become something useful like musket fodder or a nursery-maid for the transfer of prisoners. That's what they had told him he was good for. He had borne it with his usual quiet grace, a gift passed down to him from generations before who had borne such insults from other English masters and learned to hold their tongues.

Now seventeen, and a soldier in his own right, he feels he is farewelling a second family (albeit not one as warm and welcoming as his first) and had thought there might at least be some note of his going. But his brother was gone on patrol, and the sergeant who had known him for years, whose every order he had jumped to obey in the hopes of making an impression, had hardly registered the day. Indeed, he had spent so long calling the boy 'Boy', that he had needed him to spell out his name so that it might be recorded in the transfer records – one for the prisoner to be transferred to custody further north and one for the boy himself to be transferred to the regiment at the new port. The sergeant said it was the best place for a stupid boy like him – a place he can stand and stare out to sea, which is about as useful as he might make himself. The boy doesn't mind. He loves the sea and remembers spending many happy hours staring out at its depths back home in Ireland. And he might, at least, be nearer to his mother if he could look out to the stretch of ocean where she had been thrown overboard, her hand seeming to wave a farewell to him as the ocean's currents pulled her under. He thinks of her now as he dips into the river water, his own hand a pale reflected memory of hers that day. He never feels without her, only knows that she is unseen but nearby.

His grandmother, the dearest person in the world to both his mother and him, had always said that the soul was never gone, although the body might perish. She had described another world, invisible and unreachable, except by those whose gift was the sight of it, or in certain thin places where the veil could shift enough for anyone to see, if they really wanted to look. Her stories were a comfort to him still, in those dark times when he felt that he had lost all sense of home and those dear hearts who loved him and whom he also loved. He thinks, perhaps, that they are not lost at all but merely in the other world of his grandmother's telling and hopes that he might see them once again, if he can find a place thin enough for his untrained eye. He hopes that the ocean might be that place – a first step back in the direction from which he came.

He feels the pull of a gaze that has settled on him from somewhere onboard and turns to see the prisoner, an elder of a local tribe, looking down kindly at him from his perch among the sacks and boxes of goods – the steamer's stock in trade. His face seems to shift and change in the flicker of light from the lanterns onboard and the wisps of fog that stray near him. Now he is young, now he is old, now he has the rounded cheeks of a young woman, now the sharp jaw of an adult man. The boy decides it is a trick of the light in this hazy dawn and is puzzled but undisturbed. Although a prisoner, the elder is untethered and carries a large stick, but the boy is not afraid of this old man.

He offers back a kind look of his own, and the old man's eyes sparkle in reply.

The boy has no words from the language of the natives. It has been hard enough to speak only English all these years – the first few beatings he received for speaking his own native tongue were enough to silence it on his lips, if not in his heart. He had heard the boatman and the elder conversing in the old man's language as they had pulled away from the shore, and he had quickly realised his own ignorance and helplessness here. It's all the same to him. His superiors tell him that he is merely along to ride and observe, to deliver the prisoner at the end of the journey. He is content to run his hand in the river and dream of the thin places that might bring his heart's desire home to him.

The old man sees his face in the river. The many ages and incarnations of him wash up from, and drift back down into, its murky depths. Sly old river, wise old river, he thinks. Letting him know that it sees him, has seen him before and will know him again, in whatever form he might return. He sits near the boy whom he has watched all day, seen how he talks to the water instinctively and respectfully, noticed him scanning the damp air, the muddy banks and the deep bush beyond, looking out for the very spirits that the old man can see gathering and dispersing around the boy in protective concern.

Calm yourselves, he says in his inner voice. Your boy is safe with me. We will be travelling together for some time, you and I, he tells the spirits of the boy; we might as well do so in peace. The air settles and stills, the misty rain that has surrounded them eases, and the boy looks up at the old man with a question in his eyes. The old man nods and points down to where he has seen his changing image in the murky river water. The boy's eyes widen at the impossibilities he is seeing: the many faces, the clear image in the gloomy, moving water. He scoops a handful of it and splashes his face to bring him to his senses. The old man smiles, and he watches the river take on something of the boy and start to offer what it sees of him, but this is too much, too soon. Not yet, river, the old man tells the water, and the images subside. The old man hears the boy's heart asking hopefully if this is a thin place.

All places are thin to me, he replies with his inner voice, hearing it echo in the language of the boy and his ancestors as it reaches the boy's inner hearing. The old man is pleased to see that the boy is not shaken or distressed, only ready to receive what it was the elder could offer him.

He takes the young one by the shoulder and directs him to look back towards the river, reaching his long, carved stick out to where the cold water meets the warm air still misty with spring rain. Through the haze, figures emerge and melt away, some belonging to the boy, others to the old man himself. The old man bids his own hold back, calling forth those that have gathered for the boy. The strong, guiding love of an old woman surrounds the boy although she cannot yet fully materialise for him, unaccustomed as he is to seeing. A fragrance of flowers not known to these islands envelops the living men, and the dying echo of a voice calling as if from over a far hill lingers on the air.

The old man sees the boy's memories spring up in response as if they were his own: an uneven step of the old woman's gait; hands, white with flour, kneading soft, warm dough; the snatch of a song sung by firelight. He sees the boy's eyes fly open – at once looking in and looking out – and tears fall from them in gratitude and reverence. The elder has seen this many times in his own young people whose eyes he has opened. There is a quiet joy in watching the film lift from the sight of those who have been previously blind, and the old man feels his heart laugh and lift, even as the pain the boy feels at all he has lost is sent into him, folding his own shoulders forward in the shared weight that they carry for a moment.

The old man straightens and gently directs back to the boy the things that are his alone to carry, keeping a strong supportive hand on his back in reminder that he is not alone. He looks deep into the tear-stained face of this young stranger who is so new to him but will come to mean so much, though how or why, he has not yet intuited. He knows only that he must take this journey, that he has this short time to open the heart and eyes of this boy who has some part to play in the unfolding of his land, his people and the long, unbroken chain in his own bloodline of those who see.

The boy sings his heart to the river. Seeing the thin places begin to appear for him has opened a long-locked chest in his heart, full of story and poetry and song. The gifts of his people that he had once fought back, and then thought lost, have come surging through him. He, the boatman and the elder have spent a spirited evening, anchored out of the midstream channel until the morning, sharing tales and music and proverbs over food and beer that is meant to be delivered to the port but which will, the boatman assures him, quite easily be struck from the record with a report of inclement weather or an unexpected raid.

Besides, the boatman tells him, it is the very least part of what they owe to the old man's people for all they have taken.

The boy feels another new way of seeing opening to him as the boatman describes some of what he has witnessed being perpetrated against the people of the land. The boy's own memories of the English in his home country rise up in resonance, and he feels the elder read them from his mind, an open book to that penetrating inner gaze. The boatman, too, has memories from the same homeland as the boy, and he bitterly assures the young man that humans are the same the world over and across many generations. The elder shakes his head at this – too dark, too harsh he insists – and the boy watches, astounded, as the older men debate the point in a mix of their two native tongues, each man quite fluent in both and easy with the switching. The boy's ears begin to hear differently, to understand the tones and shifts of the music that these two old languages produce as they wind around each other, and another closed place unlocks and expands in his ways of knowing and being.

He lies back and stares up at the stars, snatches of cloud obscuring and revealing them by turns. They, alone, have been his constant companions through all his travels and troubles. At home, at sea and here, their tiny lights have tracked him, guided him, watched over his joys and sorrows – the only constant in these times of never-ending shift and change. Not the only constant, he corrects himself – the lights and the water. At this last thought, he leans out over the edge of the boat, resting his fingertips lightly on the river's surface, offering up a small benediction in thanks for its companionship, its loyalty, its unwavering and unjudging presence in his life. The song that falls from the boy into the river is a blessing from the old country, a thanks for the way and for those who walk it, a hope to be guided back to it when all seems to be lost, an acknowledgement of the power the way holds on its own, whether or not it is travelled, or by whom.

He feels the river accept the blessing and knows it is good. His eyes begin to close, and he curls himself against the sturdy hull, as close as he might safely be to the water's own embrace. His dreams ebb and flow with new and ancient tides – the water's gift back to this humble, gentle, reverent soul. He sees again those dear hearts sadly missed and encounters those long forgotten by his older generations – faces he has never known but whose life force runs through his blood still. He sees anew those yet-to-be-beloved and discovers those whose hearts have not begun to beat – many of whom will come long after he has gone but whose life force already owes a debt to what his own will bequeath. He mourns the truth of universal human suffering as the terrible paths his ancestors have trod, the bitterness of his own struggles and the burdens carried by his descendants are recounted to him. He rejoices in the truth of universal human thriving as the resilience of his peoples, the hopefulness of his own young soul and the tenacity of the coming generations are revealed to him.

He drifts in the balance and harmony of the meeting of universes in which he is destined to be one star, unnamed and uncounted, but without which the precise and preordained entangling of these worlds could not occur. He perceives a young woman through the mists of his dream world; her long, dark hair whipped across her face by a sudden gust of wind as she looks over her shoulder towards him and smiles, her hand outstretched to take his own. In the cold of his strange sleeping quarters, he feels enfolded in warmth and love, and he leans into the curve of the hull, feeling the water and wood enfold him in anticipation of the earthly embrace yet to come.

The old man casts a stone into the mouth of the river, a small volcanic rock from the lake and the mountain that are his strength and his rest. His task complete, he offers this symbol of his own piece of earth in thanks to the river for providing the way and as a mark of his presence and that of his people in this place so far from home. His understanding with the boatman sees him slip, unnoticed, from the vessel at its mooring – he will, no doubt, quietly reboard this boat as it makes its return journey back inland. For now, he walks to the ocean to pay his respect to that great sighing body of water and to see his granddaughter and her children who live on its shore.

The boy is his companion and fellow traveller now, having discarded his sergeant's orders without a second thought. He knows his absence, and that of his prisoner, will go entirely unnoticed in the chaos and confusion of the new port. The two men walk together, the salt air kissing them in welcome and the warm breeze ushering them forward. They stand in easy silence on the shore, content in the feeling that a threshold has been crossed. In the distance, they see a woman on the shore, and the boy's heart skips a beat at the familiar sight of the hand that waves in greeting, the long red hair that billows behind her like a sail. He squints to make her out against the setting sun and, in a flare of sunlight that dazzles his vision, she is gone. In her place, a seal dives into the surf, and the boy smiles at this nod to the country they left behind and her way of becoming one with the place she will never leave.

A voice calls out behind them, and the elder moves away to greet the young ones he has not seen in so long and some he has never met. As the boy looks on, one young woman catches his eye and beckons him up the beach to follow the family gathering. As she goes, she looks back over her shoulder and her long, dark hair is whipped across her face by a sudden gust of wind. She reaches out her hand to him and smiles. He steps forward and reaches back.

Ko te pō whakanui huritau

Atakohu Middleton

Marau: Ka 40 au!   Mane, Pēpuere 6, 2023 9:16 AM
Rōpata Miller Ropata@AdLand.co.nz
Ki: Tāwhiri Rangi Tawhiri@AdLand.co.nz

Kia ora! Ā te Hātarei, ā te 11 o ngā rā o Pēpuere, ka 40 ngā tau o tō tiiiiino hoamahi. Nō reira, ka whakatūria tētehi pāti ki tō māua ko Anika whare, 116 kei te rori o Paget, Ponsonby, ā te 7 karaka. Mā te kamupene Rorerore Ki Tō Whare te kai me ngā inu e whakarato, māku e haute. Whakahokia mai tō whakautu, āe/kāo rānei i mua ā te 9 o Pēpuere.
   Ngā mihi, R

Ka tae atu a Tāwhiri ki te whare o Rōpata i te 7.30 karaka; he whare nō te rautau 19, ā, he ātaahua, he huatau taua whare. Kei te taha o tētehi kōawaawa te whare e tū ana, me he tirohanga ki

Te Pourewa Teitei i te pito o te tāone. Ka whiti tonu te rā, ā, e whakarapa ana Te Pourewa Teitei.

Ka haere a Tāwhiri ki muri o te whare. I reira, i runga i te mauti, kua rahurahu ngā tēpu me ngā tūru, ā, ka kōrerorero ngā manuwhiri i te mahau o te whare. Tērā ngā tāne tokorua e tunu kai ana ki tētehi rorerore nui. Whū, he tino flash tēnei pāti, te whakaaro o Tāwhiri.

He kaihoahoa whakairoiro a Tāwhiri rāua ko Rōpata ki AdLand, he kamupene waihanga pānui hokohoko o te tāone. Tokowaru ngā kaihoahoa whakairoiro e mahi ana ki te kamupene; he pai te wairua i waenga i a rātou, ā, kua tonoa te katoa kia whai wāhi atu ki te pāti a Rōpata. Ka kite atu a Tāwhiri i ētehi o ana hoamahi e tū ana i te mahau. Ka pai! tana kī ki a ia anō, he pō ngahau kei te haere.

Ka piki atu a Tāwhiri i te arawhata ki te mahau, ā, ka uru atu ki te whare ki te mihi atu ki a Rōpata. Kua huri te kīhini me te rūma noho hei pā; i reira ngā tuari tokorua e tohatoha ana i ngā inu ki ngā manuwhiri.

He pīki whara a Rōpata, he tāroaroa hoki, nō reira māmā ana te kite atu i a ia ki waenga i te mahi a te tangata. 'E hoa, kia ora rā!' te kī a Tāwhiri. 'Kua aua atu te wā!' te whakahoki a Rōpata. Katakata ana rāua, ka harirū. Kātahi ka karanga atu a Rōpata ki a Anika kia haere mai. 'E hoa,' te kupu a Rōpata ki a Tāwhiri, 'Maumahara ake koe ki a Anika?'

Te whakaaro o Tāwhiri, Me pēwhea e wareware i a au a Anika – mā te wahine nei te rākau o te tūpāpaku e whakatū. I tō Anika taiohitanga, he kaiwhakakite kākahu, ā, he kaiwhakakite kākahu tonu tōna hanga, me tana kanohi ātaahua, tana tinana tūpuhi hoki. E mau ana a Anika i tētehi kahu whero e

Ko te pō whakanui huritau

nanapi ana ki tana tinana, ā, e pīataata ana tōna kiri parauri. E tāepaepa ōna makawe pango, māwhatu hoki.

Kāore a Tāwhiri e mōhio pai ana ki a Anika; ruarua noa nei ō rāua tūtakitanga. Kei te mōhio a Tāwhiri ko ia te kaiwhakahaere o tētehi toa whakapīwari mā te hunga hōhonu ngā pūkoro, heoi i tua atu i tērā … Ko te raru o Tāwhiri, i ia wā, i ia wā, tūtaki ai ia ki a Anika, ka whīwhiwhi tōna arero, ka pāhanahana ngā pāpāringa hoki … ka mōhio mārika a Tāwhiri kia pēnā anō ia i tēnei wā tonu.

Menemene atu ana a Anika ki a ia, pā ana tōna ringa ki tōna kikopuku. Rongo ana a Tāwhiri i te mahana o tōna ringa. 'Āe mārika, mahara ana au ki tēnei tāne pūrotu,' te kī a Anika, me tana menemene ātaahua. Hiahia ana a Tāwhiri kia maringi mai i ōna ngutu ētehi kupu whakatoi, kupu atamai hei whakautu māna, engari auare ake. Ka kōhimuhimu atu a Tāwhiri, 'Kia ora! Ē … ē … e pēwhea ana te haere ki tō hāhi … ā, mahi i tēnei wā?'

Ka whakautu a Anika, 'E pai ana te haere o te toa whakapīwari. Tokomaha tonu ngā tāngata whai rawa i tēnei tāone!' Katakata ana ia. I taua wā tonu kua huri atu tōna tinana, ā, ka mārama a Tāwhiri kāore a Anika i te kōrero tonu ki a ia. Māringanui, i taua wā tonu ka tae mai ētehi atu manuwhiri ki te mihi ki a Rōpata rāua ko Anika. Kotahi atu a Tāwhiri ki te pā tiki ai i tētehi wāina whero.

Ka puta atu a Tāwhiri ki te mahau noho ai ki ētehi o ana hoamahi. Kōrero atu, kōrero mai. Katakata atu, katakata mai. Kātahi hoki te pai o te pahupahu! tōna whakaaro. He mahana te pō, he pai te wairua o te noho, ā, koakoa ana a Tāwhiri.

Kātahi, ka kite ia i te koko o tōna whatu tētehi tāne e piki atu ana i te arawhata ki te mahau. Kōruru ana te rae o Tāwhiri.

He pūrotu te tāne rā, ā, mārakerake te kitea i te hanga o tōna tinana rite ki tō te toa e ūhia ana e tōna kākahu. He māia te wairua, ā, mau ana te tirotiro atu o ētehi o ngā manuwhiri ki a ia. Ka kite atu a Tāwhiri e whakaaro ana rātou: Ko wai hoki te tāne *tiiiiino* pūrotu rā? Ka whakawhiti atu taua tāne i te mahau, kātahi ka uru mai ki te whare.

Ka kī ake a Tāwhiri ki ōna hoa kia tīkina tētehi inu anō māna, ā, ka whai atu ia i te tāne rā ki te whare. Kei te tū te tāne ki te pā me te kōrero atu ki te kaituku. Ka huri atu te kaituku ki te tiki inu, ā, ka hīkoi a Tāwhiri ki te taha o te tāne. Ka kī ake a Tāwhiri, 'He aha tō haere mai, e Tū? Kāore koe i te mōhio ki ngā tāngata i konei.' Ka āta titiro atu a Tū ki a Tāwhiri, kātahi ka kī ake, 'Kei te hē koe. Kei te mōhio au ki te wahine o te whare nei.'

Anika? Te whakaaro o Tāwhiri ki a ia anō. E hika. He pēwhea tōna mōhio ki a Anika? Heoi kāore i puta i a Tāwhiri tana pātai ki a Tū, nā te mea kua hoki mai te kaituku me tana inu. Ka mau a Tāne ki te inu, ā, ka wehe atu, kāore tonu i kōrero. Ka tū noa a Tāwhiri ki te titiro atu i a Tū e wehe atu ana. Ka kite a Tāwhiri i a Tū e mihi ana ki a Anika, ā, ka huri a Anika ki te whakamōhio atu a Tū ki a Rōpata.

Ka rongo a Tāwhiri i te āritarita e māpuna ana i roto i a ia, heoi kāore tētehi e mōhio atu. Ka tono atu ia i tētehi inu anō, ā, ka hoki atu ia ki ōna hoamahi. Ahakoa ka menemene ōna pāpāringa, kei te rangirua ōna whakaaro. Kei te aha kē a Tū ki konei?

Kua roa te wā e kino ana te wairua i waenga i a Tāwhiri rāua ko tana tuakana a Tū. He koa ō rāua tamarikitanga i te taha o ō rāua mātua i Tāmaki Makaurau ki te Hauāuru. Heoi, i te taiohitanga o Tāwhiri rāua ko Tū, i hē te wairua i waenga i a rāua.

Komekome nei rāua i ngā wā katoa, ā, mēnā i noho mai ngā rangatahi ki te rūma kotahi, ko te otinga, ka pakanga.

Kāore ngā mātua i mōhio me aha rāua. I ngana rāua kia mārama rāua ki te take o te kino i waenga i ā rāua tama. E ai ki a Tāwhiri, he ririhau a Tū, he nui tana mahi māminga, he tangata mahi hanariki. Hei tā Tū, he upoko mārō a Tāwhiri, he tangata kimi whawhai, ā, mēnā kāore ia i whiwhi ki tāna i hiahia ai, kia tūpato! He āwhā kei te haere.

Nā wai rā, nā wai rā ka raru ngā mātua, me te aha i wehea rāua. I noho mai a Tāwhiri raua ko tōna māmā ki te whare, ā, i haere atu a Tū rāua ko tōna pāpā ki whare kē noho ai. Ahakoa i wehe ngā mātua, mārie tonu te wairua i waenga i a rāua, ā, whakarauika ai tonu te whānau ki te whakanui i ngā rā motuhake, pēnei i ngā rā whānau.

Heoi ahakoa te wāhi, te take, i pupū tonu ake te mauāhara ki waenga i ngā tama. Tāria te wā, i hūnuku a Tū ki Kirikiriroa, ki te Whare Wānanga o Waikato ako ai i te mahi hoahoa whare, ā, i muri i tana whakapōtaetanga, i noho ia ki reira. E pai ana tērā ki a Tāwhiri: hei tāna, kāore te hōhā e kitea ana, kāore te hōhā e whakaarohia ana …

… tae noa ki tēnei pō. Kāore a Tāwhiri e hiahia ana kia tata tana noho ki a Tū, ka whakatau ia kia noho ki te mahau i te taha o ōna hoamahi. Nā wai rā, ka karangahia rātou ki te kai, ā, ka karo a Tāwhiri i a Tū. Mutu ana te kai, ka piki te kaha o ngā reo waiata e rere ana i ngā tukuoro, ā, tahuri ana te maha o te tangata ki te kanikani. Noho mai ana a Tāwhiri i te mahau.

I te 11.45, ka kaha hiahia a Tāwhiri ki te mimi, ā, ka uru atu ia ki te whare. Kāore ia i kite i a Tū. He tohu pai terā, tana kī ki a ia anō, terā pea kua riro te kai a te kurī. Kāore te whare iti o te papa tuatahi e wātea ana, heoi anō ka piki atu a Tāwhiri ki te papa tuarua. E wātea ana te whare iti o reira.

Nōna i te whare iti, ka whakarongo noa a Tāwhiri ki te hoihoi tōriki o te pāti ki raro rā. Kātahi ka rongo ia i te katakata a tētehi wahine, he katakata e ahu mai ana i te rūma noho kei te taha o te whare iti. Ka rongo hoki ia i te kekē o te kūaha me ngā tapuwae e hīkoi ana i te kauhanga. Heoi kāore tonu a Tāwhiri i tino aro atu.

I tana putanga i te kauhanga, ka kite atu ia i te kōhamo o Tū e heke ana i te arapiki. Hōhā! te kī a Tāwhiri ki a ia anō, kei konei tonu te kai a te kurī. Ka tū tonu ia kei waho o te whare iti, ko te tatari kia tawhiti atu a Tū te take. Mea rawa ake, ka puta atu a Anika i te rūma noho kei te taha o te whare iti me te whakatika i tana kahu. Ka kite a Anika i a Tāwhiri me te menemene o ōna pāpāringa, heoi kāore āna kupu. Ka hipa atu ia i a Tāwhiri me te anga atu ki te arawhata.

I taua wā tonu, ka tae a Tū ki te papa o te papa tuatahi, ā, ka huri atu, ka kite atu i a Tāwhiri rāua ko Anika i te papa tuarua. Ohorere katoa ia, ka tau anō tōna wairua. Menemene ana a Tū ki a Anika rāua ko Tāwhiri.

Kātahi ka huri te tuara o Tū, ka whakangaro atu ia ki waenga i te hunga e kanikani ana. Ka heke mai a Anika i te arawhata, ka whakangaro atu hoki ia.

E tū tonu ana a Tāwhiri i waho o te whare iti, me te riri nui e pupū ake ana ki roto i a ia. Ka mōhio pai a Tāwhiri kāore a Anika rāua ko Tū i te kōrero mō te matapae huarere ki roto o taua rūma noho rā. Heoi kei te ohorere a Tāwhiri ki tā rāua mahi tinihanga i raro tonu i te tuanui o Rōpata. Ka pātai a Tāwhiri ki a ia anō: Ka pēwhea te tokorua rā i tūtaki? Ka hurihuri ōna whakaaro. I roto i tana hirikapo, ka ara ake tētehi reo iti, tētehi reo hīkaka hoki: Kei te harawene koe!

Ka hoki atu a Tāwhiri ki te mahau. I reira a Rōpata e kōrero ana ki ētehi o ngā manuwhiri. Te kī a Tāwhiri ki a ia, 'He rawe tō pāti, e hoa.' Nui te menemene a Rōpata. 'Āe, e pai ana te haere, nē hā! Koa katoa au.' 'Hei,' te kupu a Tāwhiri, e tohu atu ana ki tana kōnui ki te rōpū e kanikani ana. 'Ko wai te tāne rā e kanikani ana i te taha o Anika?' Ka āta titiro a Rōpata, 'Ko Tū tērā. I tūtaki au ki a ia i te pō nei. He hoamahi nō Anika.'

'Nēēē rā?' te kī a Tāwhiri.

Ka titiro a Rōpata ki a Tāwhiri. 'He aha koe e kōrero pēnā ai?'

Ka hiki ngā pewa o Tāwhiri. 'Ehara i te aha,' tana kī noa ake. 'Te āhua nei kei tō pāti te nuinga o ngā tāngata ātaahua o te tāone, heoi ko ērā te tokorua pūrotu raaaawa atu.' Ka hiki tana karaehe ki te mihi atu ki a Rōpata, ā, ka haere atu ia ki hoa kē. Ka pai, te kī a Tāwhiri ki a ia anō, kāore nei a Tū i whakamōhio atu ki a Rōpata ko au tana teina.

Ka mātakitaki atu a Tāwhiri i a Rōpata. Ka whai ngā karu o Rōpata i a Tū rāua ko Anika. E tata ana rāua ki a rāua, ā, mārakerake ake te kitea kāore rāua e aro ana ki tangata kē. I te wā i pā te ringa o Tū ki te kumu o Anika, i te titiro tōtika a Rōpata ki te tokorua. Ka katakata a Anika ki a Tū me te pana atu i tana ringa, ā, ka huri tana upoko ki te rapu i a Rōpata mō te tūpono kei kitea ia. Āe mārika, kua kitea e Rōpata. Tōtika atu a Rōpata ki te tokorua.

Nā te hoihoi o te pāti kāore a Tāwhiri tāna kōrero i rongo ai. Engari mārama ana te wairua o te kōrero. Kua tū ngā pihi o Rōpata, ā, e whakamātau ana a Anika rāua ko Tū ki te whakamāriri i a ia.

'Ka pai,' te kī a Tāwhiri ki a ia anō me te huri ki te Pourewa Teitei e pīataata ana i te nui o ana rama kanorau. Ka titiro atu a Tāwhiri ki te rangi, ā, ka tametame ia, heoi kāore he kupu i puta i ōna ngutu. Mea rawa ake, ka hiko te rauuira i te rangi i runga i te Pourewa Teitei. 'Kua rite,' te kī a Tāwhiri ki a ia anō. Ka hoki ia ki ōna hoa.

E rua ngā meneti i muri atu, ka paoro te pahū ki te whare, ā, i pā te uira ki te tuanui. I tēnei wā tonu, ka tineia ngā rama i waho, i roto i te whare, ā, ka ngū te tukuoro. I te kīhini, ka rere mai ngā māpura i ngā puna hiko. Ka rongo i ngā tioro, i ngā hāmama hoki i ngā manuwhiri e ohorere ana, engari noho ngū tonu ana a Tāwhiri.

Ka rongo atu te katoa i te haunga o tētehi kirihou e tahuna ana. Ka rere atu ētehi o ngā manuwhiri ki te tango mai i ā rātou waea pūkoro hei whakakā i te rama. Ka titiro rātou ki a rātou, kāore rātou i te tino mārama he aha te aha.

'E hoa mā,' te kī a Rōpata, 'kātahi te ohorere ko tērā! Me puta atu tātou katoa kei tūpono tētehi raru ka puta.'

Ka tīmata ngā manuwhiri ki te wehe atu: 'Mā te wā!' 'Kātahi te mutunga rerekē o te pāti ko tērā!' Ka pahure a Tū i a Tāwhiri i roto i tētehi rōpū, heoi kāore a Tū i kite atu ki a Tāwhiri. E toru meneti pea i tū a Tāwhiri ki te mahau, ā, ka heke iho i te arawhata.

Ka puta atu a Tāwhiri ki te ara o Paget. Mea rawa ake, tū mai ana a Tū ki mua i a ia. Ka titiro a Tū ki ngā whatu o Tāwhiri, ā, ka pērā anō a Tāwhiri. He māroa te āhua o ō rāua kanohi, ā, kei roto i ō rāua pūkoro ngā ringaringa. Ka tū wahangū rāua mō te kotahi meneti pea. Kātahi ka huri whakatemauī a Tū me te hīkoi atu, ā, ka huri whakatematau a Tāwhiri ki te pērā. I a rāua e haere ana i ā rāua haere, ka hamumu te waha o ia tāne ki a ia anō: 'Ākuanei koe i a au, pōkokōhua.'

kintsugi with the colour pink

Anthony Pita

1.

Mr Foong glares at me like I've just murdered his second-born.

That's slightly unfair. All I've asked is 'Toire o tsukatte mo ii deshō ka' – whether or not I can go to the bathroom.

Sure, I ask it ten minutes into every single lesson of his. But when you compare it with a homicide confession, it really isn't that deep.

There's a monochrome map of Japan behind him. I click my pen against my jaw, imagine grey waves burbling down its east coast.

He drags his stumpy fingers through his hair. Rows and rows and rows of grey thistles, they grow at odd angles, a choppy semicircle around his scalp.

He chews his bottom lip. Nods.

'Arigato gozaimasu.' I stand up, knock my knees against my desk's underside.

After three terms of Japanese, I've only learnt those two phrases. NCEA needs to question its teaching programme.

2.

I don't bother sliding down my shorts when I'm on the toilet. Take sharp breaths through my mouth.

This bathroom – the one in the gym by the top rugby field – always smells of sweaty cotton from Saturday morning, weed and sour raspberry vape from Monday lunch.

My phone dings. There's an email, forwarded by Mum. Air New Zealand in the title.

Two tickets to Tokyo, one way.

Leaving on the third. Leaving next week.

A text from her, too.

I close my email app. Open up Pokémon Go instead.

3.

Dad can't come with us. He works in Takapuna with his three-person team (two Samoan coders, one Korean – all recent AUT graduates). Runs a small healthcare programme. It tells people who don't need to be in the emergency department to fuck off to a GP – in a polite way, of course. Lots of pastel colours.

Mum's the one who wants to save me. And, apparently, a Māori consultancy agency can consult from sofas all over the world with the magic of Skype. Her meetings don't have to exclusively be on our home faux leather two-piece.

My snack box from the airport KFC sits on her suitcase. I dig through mine – bury my forearms between sock balls and pineapple lumps, scrap-hunt through android chargers and puffer jackets.

She asks me what I'm looking for.

Neither of us are quite sure, really. Just a feeling something's missing.

4.

I switch on my Microsoft Surface, log into Te Kura. I'm signed up for mostly the same subjects that I took back in New Zealand: biology, statistics, film studies.

I've switched out Japanese for psychology, though.

Outside my motel window, there's more kanji than in any textbook Mr Foong ever made me skim through. They decorate bus backs, karaoke bar signs, buzzing billboards that advertise real estate agents who specialise in anything above the thirtieth floor, a brand-new passionfruit sake.

He was born in Beijing, anyway, and specialises in digital tech. The original teacher applied for maternity leave three days before the school year began. They didn't have time to hire anyone else.

5.

I pour my ramune down the Surface's charging slit, jiggle and jangle the bottle to get every carbonated drop out. The marble rattles in its cavern.

A diagram splits the prefrontal cortex in half. It flickers, flickers, fades into black glass.

Three hours later, I rub my eyes, tell Mum it was a spill. She doesn't buy it, accuses me of giving up on my academics.

I quarter-lie to her that I haven't yet.

I'm only in the process of it.

6.

There's a guy on the street corner handing out free Red Bulls. He scratches his stubblestache every ten seconds and grins when I reach out my hand for a can. He's missing his left canine.

The lid hisses at me. It's the first time I've tried an energy drink. It tastes like someone blended one cup of white sugar and four AA batteries.

I continue to sip it as I wait with seventy others for the green man to tick. Small sips.

Shoulder to shoulder with men in Givenchy suits and oval watches, knock-off NBA singlets and hi-vis hardhats. Hip to head with kids carrying Megatron bookbags, bracelets made of tiny neon rubber bands, a frayed Wilson basketball.

The green man wakes. The footpaths of Tokyo empty onto this intersection: marbles pouring into a concrete funnel.

7.

There's a store for everything. I walk past places selling antique fishing rods, diamond-encrusted shoelaces, live rhinoceros beetles.

I stop by one.

It's the Pokémon Center. Looks hectic, busybusybusy. Eleven, twelve parent–child combos at each checkout, each aisle of plushies contains a line of shoppers.

The plushies are colour coded. Gastlies, Gengars, Grumpigs face off against Sceptiles, Serperiors, Snivies – an army of purple against an army of green.

Scratch that. They're too cuddly for an army – hardly the Manchurian invasion. Hirohito would be disappointed with how his country has fallen.

When I was seven years old, I was asked to fill out a form saying what I wanted to be when I was older. Milo said 'detective'. Veronica said 'vet at Kelly Tarlton's'. I wrote 'Pokémon trainer'.

Five weeks in Tokyo, and I've never been into this Center.

I turn around. Wait back at the same crossing.

8.
I buy some red earbuds from a gas station for six hundred yen. It's about eight New Zealand dollars.

I head back out, say 'Arigato gozaimasu' to the cashier as the doors slide closed. She's already chatting with the next customer as he pays for his petrol.

9.
I sit on a steel bench looking over the Meguro River. Its water is dark, calm. Like someone's at the other end of the city, drizzling out the contents of an oil tanker. I double-tap the button on my earbud's string, skip to the next Frank Sinatra song. An electronic organ crackles. Cherry blossoms stick out over each bank.

Their petals are delicate, like bubblegum. A girl jogs by with her dachshund, her trainers magenta. My cheeks blush, a shade of watermelon. I lift my hands, press my nostrils together, chew the inside of my cheek.

The tops of my fingernails dampen. I wouldn't be surprised if my tears were pink.

10.
Mum thinks it would be good for me to do some touristy things for a change. Over breakfast, I mention that I'm too old to take selfies with Goofy at Disneyland, even though I'm definitely not. So, instead, she books us a class for English speakers at a traditional art studio.

The taxi's air conditioning and GPS are both broken. We arrive late, sweatpatched. The wife – the session is run by a married couple – doesn't mind, gestures us downstairs with a flurry of right-handed points.

Only two other groups are there, both American families. The kids aren't my age, though. They have scrappy beards hiding their Adam's apples and tight UCLA hoodies on.

The husband adjusts his beanie, strokes his wooden workbench's edge. It's littered by rolls of electric tape, pointy paintbrushes, a thin hammer that looks like a surgeon would use it to split open a ribcage.

His English is clear; his syllables sharp. Maybe he learnt it watching police shows set in London. Maybe I should start watching police shows set in Osaka.

Nah. I'd probably still rely on the subtitles.

Today, he says, we'll be doing kintsugi to mend broken pots.

He brings out a terracotta vase the size of my fist, wraps it in a threadbare cloth, takes the hammer, cracks it in two like it's made of brittle bone.

Kintsugi, I learn, is what happens when a culture has too much gold and too few recycling centres.

Not that anywhere had operational recycling centres a thousand years ago. Still, Japan definitely had too much gold if it was being used to fix broken tea bowls and wine ewers.

I do as he does. Not the hammer part – that would probably result in Mr UCLA losing his eye and trying to sue me for personal injury. The instructor's already prepared our own broken bowls. Mine is turquoise, with a sketch of Mount Fuji on the side when I hold it together. The snowy peak stops just short of the lip.

I glue the pieces back together while keeping my attention on his hands. Notice the nuances of his finger movements, so particular, so romantic as he strokes the pieces together. I treat the gold paint like he does, flicks and pads with the brush, never go back over the same spot twice.

The wife's iPhone alarm windchimes. Our two hours are up.

She tuts at her husband. He shakes his head, asks for something in Japanese.

I still haven't learnt the language beyond toilet pleasantries. But I feel like I don't need to any more.

I cradle my bowl in my palms. Gold lines bloom through like spiderwebs, the paint seeps onto the backs of my knuckles.

There's a little man on top of Mount Fuji I didn't notice before, little stick-figure. He's probably smiling at me. He's probably high from the altitude.

I wonder if the sun's warmer, 3776 metres up.

11.
Cornwall Park has cherry blossoms, but not many. You can probably count them on your fingers. It's so unlike the sides of the Meguro, where even your mind can't keep track. The flowers look plasticky, too, and all the low-hanging ones have been picked off. I rest my hand on one of the trunks; the bark itches my skin. I tilt my head.

A kid kicks a football against my calves, apologises in sputters. I turn around, shrug, pass it back.

I sit down, rest my knee across a root. Chubby cows trot and chomp in the farmfields. A boy and a girl sit cross-legged in their maroon King's College uniforms, they eat a bag of raspberry licorice together. I let myself smile.

Hm. I was wrong two years ago. I must've been.

Because here on the grass, the sunset is warm on my nose.

Down here in New Zealand, the sunset is pink.

Stars of Hood Street

MARAMA SALSANO

Hiro's dreams had rushed at him like an ambulance at the bottom of the cliff, which, as he stood outside Pegasus Bar, staff ID circling his neck on yet another boozy Friday night on Hood Street in Kirikiriroa, was the only tired metaphor he could muster to describe the flashes of soldiers and tohunga and dead bodies he'd downloaded in his dreams. Being big, brown and matakite was an absurdity on Hood Street. Not that Hiro's mates, who were mostly whanaunga, truly believed that; they were just protective of Hiro and acutely aware that messages from the wā kāinga via dreams didn't fit the aesthetic in Hiro's current line of work.

Almost on cue, a waka tūroro sirened to a slow halt outside Pegasus Bar. Hiro eyeballed the bouncer closer to the raru, who returned Hiro a Coasty wave as if to say 'We all good here, bruh.' The brunette looked fucked though. Side-hair slick with liquid upchuck, skin like a cracked-out kēhua and legs splayed forward into the gutter. One foot had lost its matching heeled sandal, so only the golden strap remained cuffed to an awkwardly turned, swollen ankle. Friends of the drunk brunette had perched them atop an upturned beer crate and draped a bedazzled blazer over their shoulders. One friend held the brunette's hair back and rubbed their back, while the other held an empty Twisties packet to the brunette's lips. As a gush of watery vomit ricocheted off the bag and splattered the blazer, the ambos angled their masks, gloves and eye protection away in unison. Hiro's throat began to churn. Fucks-sake. Look away. Focus on your mahi, bro, fow-cuss on ya mahi.

Across the road, club jumpers were out in force, herding from one venue to the next, looking for action, though never seeming to find sat-is-faction. The broke club jumpers lagged close behind, likely finishing off every drop of everyone's drinks before disappearing down side streets to swig at bottles they'd stashed in cars so as not to lose their highs as fast as their cash. By the Shisha Parlour on the corner, even the brand breathers made their nightly appearance. Heading from one poncey bar to another, they dutifully waited at the pedestrian lights, picking imaginary lint from each other's clothes and running diamante nails across each other's labels and lapels like some fucked-up thespian foreplay. Mostly, they ignored Hood Street unless there was a brawl, a crowd or sirens. Tonight's bright lights, courtesy of St John's, had the brand breathers taking selfies with drunk brunette featured in their backdrop, no doubt on ex-penny phones with schadenfreude zoom-in functions that could send images into cyberspace alongside captions like 'OMG, this is the Actual Hood!' As if they'd know.

At the opposite corner, the unsteady crew swaggered Hiro's way. Their boisterous energy was reason enough to refuse them entry. Other skulky reasons: tā moko and being born a shade darker than Pākehā. Tonight's unsteady crew hit the trifecta. They'd come from the rugby and were just looking to extend their night with banter and beers. Slightly slury. Mostly crack-up. Pretty chill. Hiro waved them in, knowing he'd get a verbal ear-bashing later on: 'I told you, none of those brown bastards in here.' Yet, big brown buffers at the door served the drunken dollar, and Hiro knew there'd be no firing squad waiting for him at the end of his shift.

'Whatcha wanna work as a chucker-out for, boy?' Koko had said. 'Waste of your gifts. And those degrees. Go work for the rūnanga. That's where the mahi is, needs doing, there.' But the nighttime distractions, coupled with jogging home from mahi, helped Hiro fall to sleep exhausted. And he needed that right now.

Sweat dripped onto the trousers of the dead soldier slumped over Hiro's shoulder. Stumbling forward, Hiro extended his elbows to either side of the stairwell and steadied himself. The last thing he wanted was to fall onto the two tohunga ahead of him. Breathing shallowly, Hiro glanced back at the entrance; surrounded by rubble, it was a gaping mouth atop an ancient hill on foreign lands, and into whose narrow throat, Hiro now ventured.

i te ao, i te pō

Distant chanting thrummed off rock walls and spiralled up the stairs to hurry Hiro along. With each shuffle-step down, the dead soldier's arms swung like Koko's building plumb, making ghostly, thumping imprints across Hiro's lower body.

When Hiro reached the tohunga, their lights illuminated the path somewhat, and Hiro fell more easily in step with their collective, steady descent. Solid stone walls widened into carved out cubbyholes, inside which were rows and rows and rows of skeletons. Skulls at the entrances of each cubbyhole faced inwards, and every now and then, Hiro glimpsed a bony rib cage and limbs, with feet stretching into the furthest end of the cubicles. Centuries after construction, the catacombs held little evidence of cave-ins, not even as the entire monastery overhead had been bombed these last few months.

As the four bodies descended into the belly of Papatūānuku, their shadows stretched like inky puhoro towards the entrance behind them. Hiro's breath settled to the rhythm of his feet. Forward two steps, inhale, down three steps, exhale. Forward two steps, inhale, down three steps, exhale. Forward two steps, inhale, down three steps, exhale.

i te ao, i te pō

Ambo gawkers exited the Irish Rover and hurried towards Pegasus Bar. Earlier that night, Hiro had suggested that the brunette's mates relocate themselves to the bus stop across the road, which offered shelter from Tāwhirimātea as well as ambo gawkers, but the one with makokōrori lashes had finger-sworded Hiro amidst piercing cries of, 'Do not touch them. Do not touch me. You do not have our permission.' Hiro backed off and left them with a beer crate and some bottles of water he raxxed from the staff fridge. Then, sure fucken enough, jacked up on vodka and self-loathing, ambo gawkers swarmed the brunette, filming and getting in everyone's grill. While Makokōrori Lashes flirted, the brunette's head rolled back and their freakily dilated irises steely-eyed Hiro as if to say 'Fat fucken good you are, eh?'

A gawker draped in hickies with haunga breath meandered over to suss out Hiro.

'Sorry, bro. Not tonight, eh,' Hiro said. Palms out. Do not escalate.

'Eh? Why can't I go in?'

'Sorry, bro. Not tonight, eh.' Palms out. Push away. Do not escalate. Return palms to a crossed position in front of the body.

The remaining gawkers possie-d up behind their mate, bruising the air with their smartphones and their not-so-smart reckons. Eventually, bouncers working the inside of the bar adopted their usual de-escalation stance behind Hiro. The silent wall quickly swatted fighterish intentions, and Hiro was grateful for the two minutes of collective presence, rather than twenty minutes of rabble-wrestling on his own.

'Pega-piss is rat shit anyway,' Haunga Breath yelled and sauntered away, shoulder shoving their mates, jumping at neon signs and up-hyping their reflection in shop windows.

Sweat stains had blossomed across Hiro's back and flowered at his armpits. Hiro wished to heck he'd left his overcoat at the catacombs' entrance, but if he had, he knew it wouldn't be there on his return. Tātou-tātou had currency on this side of the world too, and even though they could all feel the approach of Hineraumati in their bones, the nights remained decidedly cool. Hiro reshuffled the soldier's weight on his shoulder, whispering 'aroha mai, e hoa' as he did. During the descent, Hiro had fallen behind the kaumātua – not too far so that he was in complete darkness, but far enough for anxiety to prick his heels. Rounding a curve, Hiro finally stepped down to the foot of the stairwell as all chanting stopped. Ducking low under a crudely fashioned archway, Hiro and the soldier entered a dimly lit space. No cubbyholes, no skeletons, just dirt and rock in a chamber that led nowhere. Hiro bit at the cracked skin along his bottom lip as the hair on his forearms prickled like static.

A blanket appeared on the ground, and Hiro carefully laid the soldier's body on it, and as Hiro stretched and shook out his arms, the kaumātua undressed the soldier, then set about meticulously smearing the tūpāpaku with reddish clay and oil, before re-dressing the young man. Curiously, the soldier's uniform was different from the one Hiro wore, and while he had dark hair and a tanned complexion, the soldier was definitely not Māori. The tohunga began to karakia anō, and Hiro relaxed into the sensation of mānuka oil and wai Māori flowing over and through his body.

Hiro rose through layers of rock and sediment and hovered for the longest time above the ruins of the monastery and its surrounds, then glided over the train station of a nearby town and misted through whānau, navigating debris and stone. Before the images could sharpen, Hiro was lifted further into the air where he emerged through kapua and smoke, only to have his body veer sharply and hurtle downwards into the gaping throat of the catacomb entrance. Hiro's eyes fluttered open to an overwhelming sense of relief. Strangely, although torches held by the tohunga were still the only light source in the chamber, the room and stairwell beyond were ablaze as if Tama-nui-te-rā had followed Hiro into the catacombs.

The tohunga motioned for Hiro to move, and they climbed towards the entrance together. How otherworldly-bright the cubbyholed bones now appeared. Like fallen whetū who'd hitched a ride with Taramainuku to visit whānau one last time. After five or so breaths, Hiro froze; the skeleton closest to Hiro wasn't moving, but it also wasn't static. Hiro watched as muscles appeared along the bones, then the nervous system, and organs formed across the body and finally skin settled across the flesh. Hiro inhaled sharply and looked away, realising he'd been staring at the formation of a young woman's bare breasts. A few seconds later, he peeked back and saw that the woman was now fully clothed. She wore a long, dusty gown under a soiled tunic, over which a dark vest cinched all garments together and laced at the front. The woman looked about the same age as Hiro, mid-twenties perhaps, and had billowy brown hair, high cheekbones and a beak-like nose, all of which gave her an almost regal appearance, despite her dishevelled clothing. In the cubbyholes surrounding the woman, other skeletons had similarly transformed from bone to muscle to flesh to skin to clothed people, and all of them lay as peacefully as the woman whose transformation Hiro had observed, though like the soldier he'd carried, none of them felt Māori to him.

'Kia tere, e tama.' Hiro glanced up at the kaumātua, whose face seemed familiar yet also foreign. They continued climbing upwards. Upwards, towards the light. Upwards, amidst the light. Climbing, climbing, climbing. The descent had taken an age, but the ascent was fleeting. One hundred and forty-two steps to the entrance.

At some point, Hiro knew that he would have to tell Koko about his catacomb visions. And at some point, Koko would send Hiro to Aunty Reta. Even as an adult, the thought of her talons and raspy voice and understandings that burned one's innards before release still made Hiro shudder. Before he'd been taken to Aunty Reta for the first time as a kid, Hiro's dreams were nightmares that often saw him climb down his bunk bed in the middle of the night to sleep-thump his cousin awake as he battled his latest taniwha. Sleeping was a terrifying experience, and even after Hiro began to understand what was happening to him, most sleepovers were avoided; the parents of his classmates often thought Hiro was possessed or a danger to their offspring, or both. And there was no sleeping at the pā for Hiro either; while the cuzzies all knew Hiro was special, they still got annoyed at his sleepful antics and kicked Hiro with their feet, hissed 'fuck off, dickhead' at him, or whacked him awake when they were explicitly told not to. Now, though, Hiro's insomnia came not so much from things that scared him in his dreams, but from his inability to decipher the messages. Who was the dead soldier? Was the message about someone else? The tohunga? A secret from someone's past? A warning? During his wakeful hours, these unknowns bubbled and twisted Hiro's puku something fierce.

In contrast, the drunk brunette in front of him seemed better. Answering questions with floppy nods. Not upchucking as much. Still couldn't stand unaided though. The bedazzled blazer slid to the pavement, revealing a MedicAlert bracelet on the brunette's wrist, which switched the ambos into overdrive for a minute. Heart condition? Diabetes? Epilepsy? Hiro would never know, but he also didn't need a dream vision to predict that an overnight stay at ED was on the cards for the brunette.

The ambulance doors opened as several go-go's arrived and waited patiently in line with their IDs out for Hiro to check.

Tonight's go-go's were fresh uni students whose zest and desire to do the right thing was as infectious as their innocence. They never needed their IDs checked, but they always readied themselves, so Hiro meticulously did check that each driver licence or Kiwi Access card showed them to be at least eighteen. Go-go's mostly drank wai Māori to keep hydrated and were always on the go: moving, talking, smiling, wide-eyed questioning and remembering to say 'please' and 'thank you' all the while engaging in cheeky convos among themselves.

'Hey look,' one of the go-go's said, eyes to the sky. 'There's Te Waka o Rangi!'

'Whatever. You can't see it from here. Besides, you gotta go somewhere sacred.'

'Nah, you can even see it from the field at kura.'

'Prolly just a plane.'

'Whatever. I know where it is.'

'Yeh, well, your vape cloud ain't gonna feed no stars this Matariki, eh.'

'Ngā mihi, matua,' they each said to Hiro as he stepped aside, allowing them to single file into the bar.

These past few months, Hiro had forgotten about the stars. 'Everything you need to know is up there,' Koko had said. Following the go-go's gaze to the rangi, Hiro could barely see beyond the streetlights, let alone imagine where the stars might be.

As the catacomb lights dimmed to darkness behind him, Hiro emerged to a cool breeze and the softening glow of dusk. Four bodies had entered te ao wairua and three returned. One of the tohunga – sighing heavily as he sat on a makeshift bench that had once enjoyed life as a buttress wall – tossed Hiro a mandarin and motioned for him to sit on a surprisingly lush section of grass near the bench. Together, Hiro and the tohunga peeled mandarins and ate in silence. Hiro placed the plump flesh into his mouth, chewing and savouring the sweet juice, before swallowing. Sinking backwards into the grass, Hiro wiped juice from his mouth with his shoulder and watched the sky above him slow-burn to darkness. With many more bones to gather and care for, the days would be long and the nights brief.

i te ao, i te pō, i te pō, i te ao

Holding things in wasn't working for Hiro. 'It'll chew your insides till they're twisted in knots, and that shit will spill into your guts and make you sick as a dog, boy,' Koko had once told him. Hiro glanced briefly at the heavens, as if seeking approval from the whetū above and resolved to tell Koko about his dreams later that morning.

Meanwhile, the drunk brunette had been placed onto a stretcher, and the ambos set about pushing the contraption towards the ambulance. Just as they reached their destination, the brunette bull's-eyed the open door with one last spewy adieu to Hood Street before being pushed, head-first, into the metal cubicle on wheels. One of the ambos set about quickly wiping the door while the other answered the first of many, many questions directed at them by Makokōrori Lashes.

The brunette's feet stretched towards the entrance, one foot still sandal-less but now with some sort of ankle brace. Their chest rose and fell in more settled breaths under a flimsy blanket.

Hiro wondered if the world had been squeezing their sanity, as it sometimes did his. If they'd now found solitude, resting inside their metal box. If they'd been drinking to forget, drinking to sleep or drinking to avoid those softly-softly questions at home – the ones that hovered in kitchen corners, got tangled in spiderwebs and were never quite shaken out with the rest of the washing.

As the ambulance doors closed themselves to te pō, the stars beyond Hood Street tiptoed through alleys carpeted with feijoa skins and smashed Purple Goanna bottles that had idled in potholes for so long the smoothened glass glinted like whanaunga. They journeyed past purring staffies curled up on backyard couches and turned left at the vacant Kāinga Ora lot, which housed a whānau of kiore who were down from the maunga for a tangi. Squeezing through cracks between window glass and frame, and pushing aside curtains knotted for luck, ngā whetū sat at bed edge upon bed edge, reciting ancient lullabies and whispering into the moemoeā of their mokopuna: 'Ko ngā whetū ko koutou, ko koutou ko ngā whetū.'

Te haerenga o Hinauri ki te rapu i te Kāhui o Matariki

Te Ataakura Swannell-Kaa

He wahine āhua kanukanu nei a Hinauri; he koromikomiko, he roa, he parauri ōna makawe, he kikorangi ōna whatu, ā, pīataata mai ana ōna whatu i te pō. He nui ōna ngutu, ka mutu, ko tōna reo rōreka, ānō nei he manu hōnenga. He nui ngā wawata o Hinauri, heoi anō, he nanakia āna mahi e tutuki ai ōna hiahia. Ka mutu, i ētahi wā, he wahine arotahi a Hinauri.

I te pōuriuri, i te pōtangotango, ka puta atu a Hinauri ki te ngahere kia tae ia ki te tūparinga o te hiwi. Ko Te Mātai Maukahau te ingoa o te wāhi; e ai ki ngā kōrero, ko Maukahau te wāhi e kitea tuatahi ai, e noho tuatahi ai a Matariki. Nā reira, ka haere atu a Hinauri ki Te Mātai Maukahau kia tirohia ngā whetū kei te uma o Rangi. Ka toko ake te whakaaro i a Hinauri mō te ātaahua o Ranginui i te whakarākeitanga o ngā whetū i a ia. Whai rā, ka tipu te harawene i roto i a ia, me he tōtara whakahae, ā, ka toko ake anō he whakaaro ki te whānako i ngā whetū hei

whakarākei ake i tōna uma. Ka waiata atu ia ki a Waitī, ki a Waitā, ki a Waipunārangi, ki a Ururangi, ki a Tipu-ā-nuku, ki a Tipu-ā-rangi, ki a Pōhutukawa, ki a Hiwa-i-te-rangi, ki te whakapoapo i te Kāhui o Matariki mā tōna reo rōreka:
'Kei ngā whetū tārake i te rangi,
whakarākeia ahau ki te ahorau o Matariki
Kānapanapa mai, pīataata mai ki tōku uma piri ai …'
Ka heke mai ngā whetū i te uma o Ranginui, ka mau ngā whetū ki te uma o Hinauri. Ka whakamaua e Hinauri te Kāhui o Mātariki ki tōna poho: 'Ānō nei ko Hinetītama ahau, ānō nei ko Hineruhi ahau. Nāku i tū ai te ata hāpara. Ka matawai ngā karu i te tirohanga mai ki ahau.'

I tētahi pō, ka haere atu a Hinauri ki te awa ki te rama tuna hei kai māna. Ka tiki atu a Hinauri i te māunu hei hopu i ngā tuna. Ka whakaritea e ia tōna māunu, me tōna hīnaki mā ngā tuna. Haere nei te wā, kua kore he tuna i te hīnaki a Hinauri. Ka titiro ia ki tōna hei kakī, ā, kua weko a Waitī. Kāore a Hinauri i māharahara, kāore ia i whai whakaaro mō te weko o Waitī. Ka hoki a Hinauri ki te kāinga, ā, ka whakaaro ia kia haere ki te moana. Ao ake i te ata, ka haere ia i tōna haere, ā, ka peka atu ia ki te moana ki reira hī ika ai, ruku kaimoana ai. Ka warawara te waha a Hinauri i te whakaaro ki ngā kaimoana hei kai māna. Ko āna tino kai ko te kina, te pāua, te kōura anō hoki. Kīhai he ika i mau ki te māunu, kīhai he ika i rukua. Kua weko a Waitā i te hei kakī a Hinauri, engari kāore tonu a Hinauri i whai whakaaro ki tērā āhuatanga.

Ka taka mai te ahiahi, kua kore he kai i ngā ringaringa a Hinauri hei kai māna. Ka ngunguru te puku o Hinauri mō te roanga o

Te haerenga o Hinauri ki te rapu i te Kāhui o Matariki

te ahiahi. I te ahiahi pō, ka puta atu a Hinauri ki tōna māra kai ki te hauhake i te māra. Kua pīrau katoa ngā kai i tōna marā kai. I konei ka āta whakaaro ia, 'he aha i kore ai te kai i te moana, i kore ai te kai i te awa, i kore ai te kai i te māra?' Arā anō he whakaaro ka toko ake i a ia: 'Nō te taunga mai o ngā whetū o Matariki ki ahau, kua kore he kai i te awa, i te moana, i te māra. Ā, kua weko hoki a Waitī, a Waitā, me Tipu-ā-nuku … Nā reira pea, he pānga tō tēnei whakahei e mau nei au ki tōku poho, ki ngā tipu, ki ngā kai, ki ngā ika, anō hoki.' E tika ana ngā whakaaro o Hinauri. Ki te kore ngā whetū i te rangi, kua kore te hana mai o te whetū ki te whenua, kua kore he kai, he tipu, he ika, hei kai mā tātou te ira tangata.

Ka āta whakaaro a Hinauri, me aha ia ki te whakatika i tōna hē. Ka toko ake te whakaaro i a ia, kia hoki atu ia ki Te Mātai Maukahau ki te whakahoki i ngā whetū ki a Ranginui. I mua tonu i tōna tuku i ngā whetū ki a Ranginui, ka heke mai a Wainui ki tōna taha, kōrero ai: 'Hinauri, e kō. He aha koe i whakapoapoa ai i ngā whetū hei whakarākeitanga mōu?' Ka whakahoki atu a Hinauri: 'Kei riri mai koe i ōku mahi māminga, i ōku mahi mūrere anō hoki. Engari, he hiahia nōku kia ātaahua ahau.' E harakore ana tōna rongo. 'He ātaahua koe, Hinauri, kei roto i a koe te ata a Hinetītama,' te whakahoki a Wainui. Tūpou ana te ūpoko o Hinauri. Ka kōrero anō a Wainui: 'Me pēwhea tēnei? E hiahia ana koe ki te noho hei kaitiaki mā te Kāhui o Matariki?' Ka pupū ake te harikoa i roto i a Hinauri, ā, ka nui tōna menemene. Ka whakahoki atu a Hinauri ki a Wainui: 'Āe! Ka rawe tērā ki ahau!' Ka whakamōhio atu a Wainui ki a

Hinauri, 'Engari me waiho koe i tēnei ao ki raro nei, ka hoake tāua ki te ao o ngā atua noho ai.' Ka whakaaro anō Hinauri, engari ka koa hoki ia i tōna whakatau kia noho hei kaitiaki mā Te Kāhui o Matariki. 'Tēnā, kia hoake tāua.' tā Wainui. Kātahi ia ka tīmata ki te taki i tētahi karakia kia whakatapu i a Hinauri, kia whakarohea ia ki te rangi. I reira ka kitea e Hinauri, te hoki o ngā ika ki te moana me te wai Māori, ka kitea hoki ia i ngā tipu e tipu matomato ana i te māra.

Te Wehenga

Christie Wallace

Te tīmatanga

Koinei tētahi o ngā pūrākau ka mōhio e tātou katoa. I te tīmatanga, ko te Kore, ka puta ko te pō; ko te pō-nui, ko te pō-roa, ko te pō-uriuri, ko te pō-tangotango. Mai i te pō, ka puta ko Rangi rāua ko Papa. Ā, nā te nui o tō rāua aroha, ka noho piri tata, moe ana.

Tērā ko ā rāua tamariki; ko Tānemahuta, ko Tangaroa, ko Tāwhirimātea, ko Rongomātāne, ko Haumietiketike, ko Tūmatauenga, ko Rūaumoko. Kua roa rawa rātou e noho ana i te pō, pōrorotua ana. Kua roromia katoatia ngā tamariki nā te tiiiino noho piri tata o ō rātou mātua. Kāore hoki e taea te aha! Ka whai whakaaro ētahi ki te ao ki tua o tēnei pō. Ka hōhā haere.

'He aha tātou e noho ana i raro i te mana o ō tātou mātua?', tā Tāne i kī, 'Ehara tēnei i te oranga e hiahia ana au mōku. Me wehea rāua e tātou!'

'Kāti te amuamu,' tā Tāwhiri e urupare ana, 'Kaua koe e whakahē i ōu mātua. Nā rātou rā koe i ora ai.'

Kātahi rātou katoa ko ngā tamariki i tohetohe ai. Ko te nuinga o rātou i whakaae kia whakawehe i a Rangi rāua ko Papa, kia puta atu rātou ki te pō. Ko ētahi kāore i whakaae nā te kore hiahia ki te whakaiti i te mana o ō rātou mātua. Ka timata rā te tohe roa.

Mauri Ora, Hinemārie-i-te-pō
I te tīmatanga, ko te Kore. Ka puta ko te pō-nui, ko te pō-roa, ko te pō-uriuri, ko te pō-tangotango. Ka noho piri tata ko Rangi rāua ko Papa, me a rāua tamariki ki waenganui. Mai i te pō, ka puta hoki ko Mauri Ora rāua ko Hinemārie-i-te-pō.

Tērā te atua ko Mauri Ora; mauri tū, mauri oho! He tāne e whakatinanahia te hari me te koa. E rere pākahukahu ana ki te nui o te pō. I te whēuriuri o te pō, ko ia te rama e kanapu ana. Ka huri ki tana wahine, ko Hinemārie-i-te-pō. He wahine hūmārie, he wahine manaaki. I te nuinga o te wā, ka noho mauri tau ia, hāngū ana, rite ki te pō. Te mutunga kē mai o tana rerehua hoki. Ka nui te aroha i waenga i te tokorua nei, rite ana ki a Rangi rāua ko Papa. Kua hari katoa rāua i te āhuru o te pō. Ko te pō tā rāua kāinga. Nā roto i te pō hoki tō rāua aroha i puāwai ai.

Engari kua panoni ngā whakaaro o Mauri Ora ki ngā āhuatanga o te pō ināia tata nei. Ki a ia, kua kore ana hua ki tēnei ao. Ā, pēra i a Tāne, he nui ake ōna wawata. Ka whai whakaaro ia ki ao kē, ki ngā āheinga e noho ki te ao mārama. Engari anō a Hinemārie, ka ngana ia ki te āhuru o te pō. Kua māoriori tōna ngākau kia tau ki te pō mō ake tonu atu. Kua taupapatu te tokorua rā. Ahakoa ko tēnei, ka noho tonu rāua i te aroha.

Te wehenga

Nā wai rā, kua hōhā katoa ngā tamariki i te noho piri tata o Rangi rāua ko Papa. Ko Tane tēra e tū mai ana ki te whakawehe i ōna mātua. Ka takoto i tana tuara ki te papa, ka tanumia ana whatīanga ki te oneone, ka toro atu ōna waewae ki te uma o tōna pāpā. Ka torohaki whakarunga a Tāne, ā, ka paku rewa tōna pāpā ki runga ake. Engari, nā tōna taumaha, tē taea e Tāne te whakatikatika i ōna waewae. Ka wiriwiri haere ia. Nā te kaha mataku o ōna tungāne i te riri o ō rātou mātua, kāre rātou i āwhina atu i te mātāmua rā.

Kātahi a Mauri Ora ka rongo i a Tāne e takaoraora ana. Kua rangona e ia ana tohe nō mua rā kia wehe a Rangi rāua ko Papa. Ka whakaae atu a Maui Ora ki tēnā, nā tōna tino hiahia ki te panoni i ngā āhuatanga o te pō. Ka taki karakia a Mauri Ora hei akiaki i a Tāne. Ka rongo a Tāne i te kaha o āna kupu, 'Tīhei mauri ora!', ā, ka whakatikatika i ōna waewae kia rewa atu tōna pāpā ki runga ake.

Nā tēnei ka puta atu rātou katoa i te pō ki te ao mārama. Kua roa te wā e tatari ana ngā tamariki kia rongo i ngā hihi o Tamanui-te-rā. Ka tū te pāpā rā hei Ranginui, ka takoto te māmā hei Papatūānuku. Ka wehe atu ngā tamariki hei atua ki tēnei ao hou.

Tīhei Mauri Ora

Ka hangaia e Tāne te tangata tuatahi o tēnei ao. Mai i te oneone o tōna māmā, ka waihangatia a Hineahuone. Koinei ko te tīmatanga o te ira tangata. Nā runga i te akiaki o Mauri Ora, ka karanga atu a Tāne ki a ia kia tukuna te hā o te ora ki a

Hineahuone. Ka takina anō he karakia. Ko āna kupu, 'Tīhei mauri ora!', ka whakatangata mai te wahine rā. Nā wai rā, mai i tana huakore o te pō, kua whai tikanga a Mauri Ora ki tēnei o ngā mahi ki te ao mārama. Ko ia ka tū hei atua o te hā-ora. Kua kī katoa ia i te harikoa. Kua ea!

Engari anō ko Hinemārie. Kua ānini te māhunga nā te kaha whiti mai o te rā. Kua tī hoki ngā taringa i ngā tini pāorooro o te ao mārama. He painga kē tāna ki te mārie me te āhuru o te pō. Kua mokemoke katoa ia. Kātahi ka pā mai tana riri ki a Tāne i tana wehenga o ōna mātua. Ka weriweri haere tana āhua, ka pūkana ōna mata; kua wehe atu katoa tana mārie, kua uru kē mai tana kino.

Ka karanga atu a Hinemārie ki a Tāne, 'Nāu kē te pō i tango mai i a au! Tō kūware hoki. Ka tika kia hoki atu koe ki te kore o te pō!'

Nā te nui o tana riri ki a Tāne, ka kōkiri a Hinemārie ki a ia. Ka pakanga rāua. Heoi anō, kua whaikaha a Tāne i tā Mauri Ora karakia, ā, ka hinga te wahine rā. Nā runga i tana toa, ka wehe atu a Tāne. Ka mahue i a Hinemārie kia noho i tana whakamā.

E pukuaroha ana a Mauri Ora ki tana wahine. Ka toro atu ia ki a ia, 'E taku kuru pounamu, kia noho piri tata tāua. He nui ngā hua o tēnei ao mārama! Māku koe e ārahi.'

Kua mate pāpouri a Hine. Kua mokemoke katoa ia ki te pō me tōna hoa pūmau. Kua whakamā katoa hoki ia i tana hinga i a Tāne. 'Ehara tēnei i te kāinga mōku,' ko tāna i whakautu ai. Nā runga i tana pouri, ka heke iho ia ki Rarohenga, noho ai. Ka tapaina ia ko Hinenui-te-pō, hei whaea o tana pō hou.

Nā wai rā, ka pōuri katoa a Mauri Ora ki tana wehenga atu. Ka haere te wā, ā, ka rongo tōna ngākau i te aroha ki tana wahine.

Nā runga i tana mokemoke, ka puta ake te whakaaro; māna tonu e tuku i te hā o te ora ki te tangata, ā, māna hoki te ora e tango. Tāria te wā, ka kaumātua haere a Hineahuone. Ka tae mai te wā māna kia huri kaweka. Ka taki karakia a Mauri Ora kia tangohia tana ora. Kātahi ia ka tukuna te wairua o Hineahuone ki Rarohenga, hei taonga mō Hinenui-i-te-pō. Ka whakatau i tēnei tikanga hei tohu o te hōhonu o tā Mauri Ora aroha ki tōna wahine.

Ka rāhiri katoa a Hine-nui-te-pō i ēnei taonga ki tōna korowai. Kua mokemoke hoki ia i tana wehenga mai i a Mauri Ora, ā, ka noho ēnei taonga hei tohu whakamaumahara ki tōna ipo. I te āhuru o te pō, mā Hine-nui–te-pō ēnei māpihi maurea e tiaki mō ake tonu atu. Ahakoa tā rāua wehenga ki te ao mārama, e ora mārika tonu ana tā rāua aroha. Na tēnei ka noho reretahi hoki te oranga me te matenga o te ira tangata.

The Island

Toni Wi

I forgot the damn chew cards.

On any other trip, this wouldn't be so big a deal. I could walk back to the truck, pick up some cellphone coverage and check emails on the way. Not enough to throw away a day's work on. Just a lunch break. No problem.

But when you're on an island, forgetting the chew cards is a bit of an oversight.

We need them to figure out what's been attacking bird nests on this side of the island. Small squares of plastic, we nail them to trees slathered with bait to attract mammalian pests. The bite marks they make when they chew on the cards help us to identify what species they are – possums, rats, mice, stoats and even, sometimes, feral cats.

I really want to swear. Best not to do it in front of the grad student. Might put her off science altogether. I remember how terrifying it was to hear my sixty-eight-year-old PhD supervisor shout 'Jesus Fucking Christ' when a bat flew at her face as we were checking for kiwi eggs one night.

To hell with it, I decide. Now is as good a time as any for Kim to learn that science isn't just bush walks, the open bar at conferences and *Journal of Ecology* publications.

'Mother …' I flail at the look on her face when she glances up at me, so open and curious. '… Fudger,' I finish sadly. It doesn't feel half as good as I wanted it to feel.

'What is it?' she asks.

Kim has been shadowing me for the summer. She's in between finishing her honours degree and starting her PhD and wants to save up some money before starting her research in a couple of months. She needs the cash. PhD students don't get paid enough to live on.

I pull the drawstring of my rucksack and close the canvas flap. 'No chew cards, kiddo.'

If she's offended at my affectionate nickname for her, and my only being nine years her senior, she doesn't show it. She tilts her head to the side like a little owl.

'Do you think the rangers would have any we could use?'

Department of Conservation Rangers. They have a hut on the island to monitor pests and keep the tracks maintained. I know just the ranger to ask.

'Kim, you're a genius, and I love you. Can you make a start on checking the pest stations along the south side of the island. I'll go find Nikau and see if he has any spare chew cards.'

Kim laughs suddenly, pulling a massive tub of smooth peanut butter out of her olive green backpack. 'At least we didn't forget the bait.'

My heart swells at the 'we', when clearly she remembered her half of the gear list, and it was I who dropped the ball on the chew cards.

I stand and sling my backpack over my shoulder. 'What would I do without you?'

Finding Nikau is harder than I thought it would be.

We've run into him nearly every single day we've been on the island. And the island is big. Tropical and open in places, but also dense and more woody in others. Grassy coastal slopes and jagged rocks to the north. Towers of palm trees and hidden waterfalls. It's hard to get around when you're working off the tracks, and we've been stuck in scrub and getting nowhere when he's appeared out of the blue, sliding down a slope to give me a hand and pull me out or scaring us half to death when we round a corner on a trail and bowl straight into him, striding towards us on some secret ranger mission.

But when you're looking for him – nothing.

I almost give up and start calling his name.

I suppose I shouldn't be so surprised. He was due to have a day off at some point. Perhaps he goes home to a wife and baby, or maybe he lives with his cousins and his girlfriend and comes home to make love to her for two days before he's back on the boat again and away for the next week. And she'd pine for him the way I do, like all the water in your body is being pulled by some Coriolis force to wherever he is in the world.

Using this logic, I should be able to follow my body's water and whatever direction the waves are sloshing towards. Instead, I trip on a gnarly tree root and nearly arse over.

The tree in question is one I've never seen before, which sounds strange because there's no way I could have seen every tree on the island. But for some reason, I feel as if I know it somehow. Which is crazy. I'd remember this tree.

I place my hand on the trunk, and the tree sighs. It's just quiet enough for me to hear but loud enough that I question my sanity and wonder if I'm imagining things. As if it can tell what I'm thinking, it sighs again.

It's taller than all the other trees around it – a sturdy old matai with tufts of foliage branching out at the top in all directions. Most of the trunk is exposed, wrapped with kareao, a few ghostly hanging vines and a scattering of dark green moss. There's a clearing around the trunk, a pathway worn to dirt. A single root protrudes out of the ground like the knuckle of a bent finger.

'Hana,' a voice says.

I nearly jump out of my skin. I turn around, and it's my turn to sigh.

Nikau.

'What are you doing here?' he asks.

He has a deep voice, and for one wacky moment, I think it's the tree talking to me. Had it been the tree? No, the tree just sighed. I guess trees do that now.

'I was looking for you,' I say, hitching my backpack up over my shoulder. It's also a good reminder of why I was looking for him. As if I'm not always looking for him. 'We forgot the chew cards.'

I decline to mention that I forgot the chew cards. 'Wondered if you have any spares we can use?'

'So you were looking for me …' he looks pointedly at the tree, 'here?'

'Actually I was heading to the hut and got sidetracked.' I also decline to mention that my entire strategy was just wandering around until he magically found me. Jesus. I need to get off this island.

'Hmm,' he says, pursing his lips. 'How's the research going?'

He walks up to me, and I'm distracted by the way his hair flops over into his eyes. He swipes it back, but it falls rebelliously to cup the side of his face. My fingers itch with the urge to tuck it behind his ear.

He's looking at me, and I blink. 'Bad,' I say.

Nikau laughs, just the once. It's more like a huff of happy surprise. My face is warm all of a sudden. Is it being this close to him or that I made him laugh? Maybe he's laughing at my inadequate science. I find that I don't care.

'How's the tracking going?'

He grins, and even gives two enthusiastic thumbs up. 'Bad.'

Now we both laugh, and even though it's desperate and slightly manic, at least we're sharing our misery together. The joke is lost on the forest. The past few breeding seasons for the native birds on the island have been near total failures, with fewer clutches, fledglings dying of disease and now a raft of pest encroachments. The island has been predator free for decades. Science is supposed to tell us what's going on. So far, my team has been unable to find the cause of breeding failure for multiple species of birds.

I wipe my eyes from laughing and lean my hand against the tree to catch my breath.

It groans this time, a long low sound that seems to vibrate all the way down my body and into the ground.

Nikau hears it too. I can tell by the way he frowns and tilts his head slowly, as if he's listening out for something. I snatch my hand back and cradle it to my chest.

'I … uh. You ever feel like you spend too much time around trees? Sometimes I think I'm part tree. I should have been a tree in another life. I think that's why I like birds so much.'

I'm babbling – anything to fill the silence. The sudden, heavy, terrifying silence. Because Nikau is looking intently at my hands. He reaches for me, flips my hand over and places his hand so gently over my palm that it's like we're not even touching, until we are.

Then the world falls out from beneath my feet.

I'd scream but I don't have a voice because I don't have a body. I left it in the forest with a boy who is holding my hands, and we're both looking at our hands as he laces his fingers between mine, and it's a miracle that hands can fit together like this and feel so good. I'm there in the forest with a boy who blurs around the edges, who might not be a boy any more. But if he's not a boy then what is he?

I'm there in the forest. I'm in a different forest. It's the same forest and the same boy, but now I am not the same. I don't have a body, because it's not my body any more. A girl who might be me crouches in front of an old tree, and she holds the hand of a boy. He's whole and firm around the edges, but the color is draining from his face, and a wound just below his ribs pulses with blood. So much blood. She's crying. I'd cry too if I had eyes, because he's so beautiful. His hair is in his face again, and if only she'd reach out and swipe it away, but her hands are covered in blood from trying to keep his stomach in. She's furious. She'd curse the men who did this, but what would that prove? They'd come again. They just keep coming. And he'd meet them again and again on the shore, and she'd never be able to stop it. Every version of his story ends in the same way. His lover, hunched over his stomach, trying to keep it in. Far from the cries of battle. Far from her parents. Far from the beach and the craggy rocks stained with blood and littered with bodies like driftwood after a storm.

A girl screams.

The boy tries to speak, but blood bubbles up and over his lips and he chokes back the words he wanted to say.

She kisses him, blood and all. I can taste iron and the salt of her tears. She whispers something in his ear. He clutches her shoulders, pulling her close for one last embrace. He holds her tightly as the last of the strength in his body fades away, and then his arms fall to the ground. I can't watch. I can't look away.

She's chanting under her breath. It sounds like a spell, but it's also a plea and a lament to the gods of the forest to spare him, save him, keep him close. She chants it over and over, putting everything she has into the words. To change the world by the force of her will. To make them see. Please, let them see.

Softly, a hum comes from the forest. From the island. They've heard her. They feel her anger. They mourn her loss. But what would she give for such a boon? To cheat death, a life is required. Many lives.

So she gives them everything. She pledges her service and the service of her descendants to protect the forest always. To be a kaitiaki forever. It is an easy gift to give. She would give it over and over to protect the land she loves.

They listen. And the boy begins to blur around the edges.

He closes his eyes with a world-weary sigh. She says his name, and it's a new kind of spell this time, something more powerful than death. She holds his hand until he's so transparent she can see the ground beneath him. He's still breathing as he fades into a wisp and then into the earth.

The matai tree stands tall and stretches his arms as a pīwakawaka alights on his shoulder.

She sits back on her knees. Her cheeks are streaked with tears, and she has no heart left to be grateful because it went when he did, but she murmurs a karakia as the forest settles back down into the quiet march of time.

In the silence, our eyes meet. She has long hair, grey-green eyes. Pāua-like, iridescent in the light filtering down from the canopy. She doesn't know me, but very slowly she raises her hand to wave.

I fall backwards with a shout. This time the ground catches me with a heavy thump.

I know I have a body again because it hurts.

'Hana,' says Nikau, barely more than a whisper. '*Hana.*'

It sounds like a prayer. Or a spell.

He's holding his hands out in front of him, and I can see through them – I can see through him. Nikau is starting to fade.

'I'd forgotten,' he says.

He sinks to his knees, and I crawl forward till we're together again on the forest floor. I don't know if we're in this life or a past life. All I know is the boy is fading away, and I'm going to lose him. I'm going to lose him again.

'You made me remember what it's like.'

'I don't understand,' I say. I reach for his hands, and he's still whole enough that when I touch him, I *feel* him. He's still warm.

'I wanted to be alive. I wanted to be alive and in the world. With you.'

'But you're not.'

'No.'

'Are you human?'

'Maybe. I don't know.'

'Are you a tree?'

He smiles. 'I think so.'

'That tree,' I say, nodding to the mataī.

'I can feel it when you put your hands on me.' He reaches out and touches the trunk. 'Here.'

I shiver at the connection, all the nerves in my body firing at once. He takes his hand away from the tree, but I can still sense the weight and the strength of him.

'You're a tree,' I say.

He looks about as lost as I feel. 'I'm a tree.'

'And I thought forgetting the chew cards was a big deal. Turns out there are worse things. Like falling in love with a tree.'

He freezes suddenly. 'You're in love with me?'

'Oh my god, what about the birds?'

He scoots closer. 'You're in love with me.'

'Do you think you can save the birds?'

He's not listening any more. 'You love me.'

'Nikau. The birds.'

He closes his eyes for a long moment. 'I think I can help them.'

I start to smile.

'But …'

My smile fades. 'But?'

'Not like this.'

'Not like what?'

Nikau turns his hands over, palms facing upwards. He watches with a detached sort of fascination as his arms lose substance. I panic and throw my arms around his neck.

'Nope. No.'

'You can't "nope" out of destiny,' he says.

'What if you *are* my destiny.'

It sounds stupid as soon as I say it, but not entirely wrong. Maybe it's bigger than him. Maybe it's this place. The birds. The trees. This life.

He runs his fingers through my hair. 'That's very sweet,' he murmurs. 'If I could choose, it would be you.' He places a kiss on my cheek. I close my eyes and pull him into me.

We kiss for so long that I'm lost again. He's real. Alive. Warm. Soft.

I want to memorise the smell of him, the feel. The way, when I dig my fingers into his biceps, he groans under his breath. The strangeness of his tongue sliding against mine. The pressure as he grips the back of my neck.

I can taste salt. Blood.

He bites my bottom lip before he pulls away. When I open my eyes, he's gone.

Slowly, the sounds of the island come back. Wind in the leaves above. The whisper of waves on the shore. A pair of tūī calling to each other in the valley below. My heart beating, chanting.

A chittering pīwakawaka hops down from the branches of the tree, flies around my head and then lands on the outstretched arms of a Nikau palm.

'I'm coming,' I say.

And the forest answers.

Poetry

Another brown face

Shelley Burne-Field

I'm a coconut, blown over the seas.
My kind are rough on the outside –
creamy on the inner.
Or speckled spuds, according to Uncle Peter.
He would know, that spunky kaumātua.

Society thinks I'm a bit white, boohoo.
'Ahhhhh, not really,' scoffs a friend.
'You have brown frizzy hair, and your skin is coffee grounds,
    sorry 'bout it. You're brown.'

When I inhabit spaces, my compass points to 'B' or brown again,
I hold my breath at councils, at universities, at rallies, at airports,
at concerts, at bars, at work
I follow the trail of rēwena crumbs to ngā tāngata – could a racist use
    that line?
Whatevs
I still follow it, hungrily, until I see one (a brown person, not a racist).
Until easy breath erupts again.

My mother sailed here from Apia
to train as a nurse in the provinces.
The first person she saw, across the sterilised green linoleum floor,
was a girl from Ōmahu Marae.
Two teenagers still strangers.

My Bible-named māmā and my almond-eyed aunt sprinted into each
    other's arms, and cried, and snuggled, and breathed
each other in.
Another brown face.

you begin to see
MIRIAMA GEMMELL

ooh you're a rainbow baby / look
at the crimson red of your mauri ātanga baby
like the rushing whenua of new life from papa you
breathe life into a room baby / your aura is an uenuku
of love / you awhi the wairua of the room baby / you āniwaniwa
taniwha / like the ginger haututū tones of your tinana baby
converting culinary treats into fuel for your booty that moves baby / ooh
you're a prism of light / weaving rhythms and vibrant vibrations in and out
together again baby / ooh āe mārika you cut like cool cucumber / moist
and juicy like juju lips on a grapefruit fruju / ooh like a lollipop look
at the viscid yellow melting on your
hinemoana going for a surf in the
the waves you make baby / got us
sun on blazing blue and green
coast / ooh your tae getting us good
sip slowly at golden light that moves
like a star wars wipe across padme
the indigo comes / we begin to hear
undulations of your timbre / we can
your waiporoporo / ooh you you're a
tongue / eyes sparkling like
baking sandy waves / ooh look at
vibrating shimmering shining like
to the horizon like summer on the
baby / as the sun sets you sip
across your pūrotu face
and we begin to see / baby
baby the delicious
feel / we can taste
rainbow baby

When the rains came

ABBY HAURAKI

when the rains came, we weren't ready
our ancestors be shaking their heads

e hika! we told you,
don't build pākoha
where the pūkeko roam

the road's cut-off again. well, what's left of the road anyway. the bridges didn't hold. lazy-ass tree cutters didn't get rid of their off-cuts properly. fine the bastards, we reckon. ain't had power for days. they flying in kai by helicopter. trucks meeting at the showgrounds. up the coast, 4wds going through paddocks to reach them. here, they drive jet boats down what was the main street. everyone been having a moan about no internet.

thought the aftermath of a disaster would be quiet
but it ain't – it's a raucous. I ain't had a moment's peace
since Tāwhirimātea came and decided to piss on us all.

heard some locals seen bodies floating down the river
Prime Minister said not to rūkahu about the death toll
Uncle Hona said 'why they setting up a morgue at the port if there's
    only 10 dead?'
made me think.

try not to sleep at night because when I do I seen a 4-metre-high wall of mud coming right at me and wake up caked in it. who the fuck could afford insurance anyway? I couldn't.

everything is gone.

sorting through what's left trying to find a photo of my nanny. don't wanna forget her face. hope I don't find my dead dog. he's here somewhere, buried under it all.

outta towners talk about us now, shaking their heads in disbelief. sending us supplies. crying. imagining it were them and their families. fuck, wish we could just imagine too.

yes, found a photo! kia ora, my nanny. there you are. we'll be okay my nanny. alright, rest can wait 'til tomorrow. back to the marae for a cuppa. hope someone donated Tim Tams.

Hei Hoa Mauroa

APERAHAMA HURIHANGANUI

ka takoto tīraha a Pāpā
ānō nei ko te tōnga o te rā
pō te ao i te katinga o ōna mata
kei te noho āmaimai te whānau
e karapoti ana ngā whakaahua
ka ora te ngira a te tohunga
ngiiiiiii ngi ngi ngi ngiiiiiii

mā te aha i te ngira Pākehā
hei whakairo i te whakapapa Māori
ka toitū ki te kiri
e whaihua ai te whakatauākī –
'*ko tō ringa ki ngā rākau a te Pākehā*'
'*ko tō ngākau ki ngā taonga a ō tīpuna*'
ngiiiiiii ngi ngi ngi ngiiiiiii

ka riro tōna rae i te ngau a te ngira
ko mamae hei hoa maupoto, ko mataora hei hoa mauroa
tetē ōna niho me he kurī
whakamakiki ōna waewae me he rākau

rere ōna roimata me he awa ... kāti.
'kei te pai koe?' ... 'āe' ... 'āna, hoake tonu tāua!'
ngiiiiiii ngi ngi ngi ngiiiiiii

ko ā taipakeke waiataata, ko ā taiohi kōhimuhimu
me ā taitamariki katakata
e haruru ana i te whare
nā konā i tau ai tōna wairua
ko te hiringa mahara i pōkaihia
kia mahea ai tōna pākinikini, kia au ai tāna moe
ngiiiiiii ngi ngi ngi ngiiiiiii

ka takatakahia e ia
te ara wairua ki tua whakarere
ki Rarohenga rānō
te orokohanga o te moko
ka pōhiri mai a Uetonga, a Mataora, a Niwareka
ka puta ki te whaiao, ki te ao mārama
....

ka ngū te ngira a te tohunga
ka matike mai a Pāpā
ānō nei ko te uranga mai o te rā
whiti ana te tīwhana i te rae me he hihi
ka āhuru te whare, ka kaikā te whānau
ko Rūaumoko e nguguru nei
ko ōna mata ka oho, ko onamata ka ora

Sister
ANA MARIA KING

We play in black sand at the shallow mouth
of the Mōkau, pretend we are 9 and 5. But the
undercurrent tugs our shins, keeps reminding us,
and every time I look over, I blink goodbye.
Like light that hurts to stare down, we live out
what's left in unrolled tongues of shade, walk
backwards into waves—feet dangling,
eyes tipping, never letting go. We shiver when
its peak brushes the sun. Know it by its silence.
This is how you want to leave. I hang on
like you are driftwood until I can't squeeze
anymore and the muscle of all the seas
swallows you. I wait, and the rip spits me out,
carries me back in its arms to the black sand.

te karu o te whenua / amphibian

Ana Maria King

i.   changeling / empty
         leak like moss on these

            stolen pastoral blankets / a hum
            of flutes meanders the Mōkau

            brass eats her mists like scripture
            are you dying to meet them?

ii.   learn to breathe streams
         and the fractures knot around you

            a mirror of trachea funnelling
            time / spilling from rocks

            like juice from cleaver and coconut
            and a thousand years spent

            carving sediment.

iii.   on pale green mornings you wait
for the bus / lungs pour in Picassian

but the iris of the world is bluest at
its core / learn to breathe streams

and the doorways engraved on veins
burn / lids expel wads of heat / pop

at the surface / garbled contents expire
unseen / ink runs / pools dilate

a flag submerged / stringed algae
waves in troughs of mountain sweat

how striking you are in striation.

iv.   you can see the players can't you?
        silhouettes made of woollen seams

        exhilarate at the ledge
        of your pupil like mascara / cattle

        irons replace rod and key /
        look at their discovery

        tissues refracting / there are many
        up there / layers of water

        between your nails and
        the hook of caesarean sky.

Mā te roa ka aha
WINARA LEVI

Mā te roa ka aha?
Ka ūmere kaha, ka hanga tīwaha
Nau mai ki taku taha

Mā te roa ka aha?
Ka kī a waha ki te nui me te maha
Haere mai ki taku taha

Are taringa mai i te mea he roa te kakau o taku paipa
Ka roa ahau i ia tāima
Ka roa te pō
Ka patua anō

Mā te roa ka aha?
Ka tokomauri, he pērā i te kauri
Ka toro atu ki te whenua, ka piki ake ki ngā rangi
Kia iere mai ko tō tangi

Mā te roa ka aha?
Mā te roa ka hari, mā te roa ka koa
Mā te roa ka rekareka i ngā wā katoa

Kia pono mai, mā te roa ka aha?
Mā te roa ka ai
Mā te roa ka pai
Mā te roa ka rite tonu tō hoki mai.

Ko Tana Āhua Tonu

AIRANA UEROA NGAREWA

Kua hinga tētahi māhuri
I te tihi o te puke tata ki tōku whare.
Peke ana, ā, taka ana, ā, ngaro ana.

Kua haere au ki tērā wāhi tapu ki te whakanoa,
Ki te wewete te māhuri mai i te puke.
Ruruku ana, ā, poroporoaki ana, ā, waiata tangi ana.

Kia tae atu au ki korā,
Kua tangi ngā pere i te taha o tōna pekehanga.
Koekoe ana, ā, ketekete ana, ā, kūkū ana.

Koira tōna tangihanga anake,
E kore he rā nehu.
Kimi ana, ā, kite ana, ā, tukuna ana te māhuri e tōna whānau ki te ahi
    o Mahuika.

I ia rā, tangi ana te pere,
I roto i tōku whare, kua rongo au i ērā manu aituā.
Tangimeme ana i te ata, ā, tangitangi ana i te ahiahi, ā, tangiweto ana
i te pō.

I ia tāima, kua pakaru mai te pāmaemae,
Kua pakaru mai te whakaaro mōna hoki.
Tuakiri ana, ā, piripono ana, ā, kōharihari ana.

E kore anō mātou, ngā mamaku piko, kia kōrero mōna i a mātou,
He tītōhea te puna o te kōrero.
Noho mokemoke ana, ā, tangi puku ana, ā, tatari ana kia hinga
te māhuri e whai ake nei.

Ko taua āhua tonu ki te whakahinga o mua.
Ko taua āhua tonu ki te whakahinga o muri.
Noho mokemoke ana, ā, tangi puku ana, ā, tatari ana kia hinga
te māhuri e whai ake nei.

Mahi Kai
Zeb Tamihana Nicklin

Kimi atu, kimi mai, i raro toka mahi kai,
Pana rimu, rangahaua, kimi atu mā te whānau
Pātaka kai nānāhia, māna anō te iwi e whāngai e!
Koi hoki kirihaunga ki te kāinga, noho atu kia whetūrangitia
Pewa kai, koi moumou kai, kāinga iho – anō te namunamuā!
Tango kau kia puta a pito
Koi kore mō anamata

Kura Kōkakō Māori kua rere ki hea ngā tau

Zeb Tamihana Nicklin

Taku Kura Māori o Kōkako e
kua rere atu e hia nei tau ki hea
Kōmuri ana te hoki o mahara, mokemokehia
Otiia, titikaha te mau iho ki te whatumanawa
Te hanga o te kōrero Māori i taku hapori i taua wā
Horomata ake nei he kore nō te paitini i te huatau Pākehā

Kua pūhia matara atu nei e te hau, kua kore i ēnei tau
Te aumangea o te pō, poreirewa aku taringa kia rongo hoki mai anō
Te momo reo i a koutou, nōhea e rongo i te ao hou
Kua momotu atu rā i a koutou, ki tua atu o tuakaihau
Tā Te Tokotoru a Paewhiti –
he hahu ake, ka whakairo ai anō
ki ngā arero o tini pīkoko, koi mate huia atu ki te pō

Heoi anō, kia māmā mai ō koutou whakaaro –
whakaporoa whakaporoa whakaporoa rīaka e mātau

te āhua nei he mea hopu te tini Māori e te hopo –
He Pākehā nō te whakaaro o te mokopuna i inamata rā
tē tahuri mai ki te ako i ngā tini kura o nehe rā
I whakatau i mua noa atu kia aro ki te tokoiti pīkoko,
Ahakoa nō te raima, e ora ake ana anō ngā pae

Nā, he aha rā kei te pae matara
te whakapae ka ora i te tokoiti pīkoko rā
E tō haere ana te rā, nō rātau nei te wā
Ka ora Te Tokotoru a Paewhiti ngākau
Kia tika, kia rere, kia Māori ki tua o anamata haere ake rā …!

Taku Kura Māori o Kōkakō e,
E rere puta noa –
kia naomia atu anō ai ngā ngākau o ngā iwi Māori e!

Ki te Ika-nui, nā tō īnanga o Mōhaka.

Scarred Native Tongues

Hannah Urupikia Rapata

My bones feel heavy with the weight of the pains my tūpuna carried.
My tongue stained and scarred; stained with my own blood.
Scarred from my grandmother having her mother tongue, her reo
    Māori, torn out and away
from her.

I have had to sew my own tongue back on.
With every kupu, another stitch I make.
Slowly, my voice returns.

With the scar tissue that remains,
I will never speak smoothly or comfortably.
But I speak anyway, every day.

Every kupu, every sentence, every kōrero is an act of colonial resistance
    and defiance.
Every day a battle with confidence and whakamā.
But I speak anyway, every day.

I speak so my tamariki hear their reo.

The disapproving looks from Pākehā, hearing a language that shouldn't seem foreign.
The surprised looks from other Māori, questioning my whakapapa with their eyes.
But I speak anyway.
Every day I painfully stitch te reo Māori back into my tongue.
I feel that pain and I carry it so my tamariki and mokopuna will never have to.

nāwai, nāwai
Rauhina Scott-Fyfe

nāwai, nāwai,
ka tipu tōhoku reo,
te reo o ōhoku tīpuna

nāwai, nāwai,
ka puāwai kā hua
ō Kupu, ō Pao, ō Karaka
i heke iho mai
i te ira Atua

E MOKO!
maraka mai!
ko tae mai te wā!
āe, ko koe, e whētero mai nā!
nāia tonu kē te wā!
MARAKA MAI!

HUAKINA MAI
TE WAHA
O RUKA

KŌREROTIA
TŌ REO

KARAKATIA
TŌ REO

WAIATA, WAIATATIA
TŌ REO!

āhaha, nau mai, e tōhoku reo
e pāorooro mai nā

piki mai, kake mai,
hīkoihīkoi mai

HĀ KI ROTO
KI TŌ PUKU
HĀ KI WAHO
KI TE AO

KŌREROTIA!

Non-fiction

And we didn't disappear, we're still here: On Ana Iti, Moa, Museums, Peppa Pig and Telling Stories

HANA PERA AOAKE

Recently I watched an episode of *Peppa Pig* with my daughter. In this episode Peppa, Grandpa Pig and Granny Pig are searching for treasures in their back garden that they then take to the museum. I said to my daughter, 'Kei te whare taonga a Māmā e mahi ana' before feeling quite embarrassed by how Mr Rabbit (the museum curator) discourages the family from continuing to dig in their back garden and telling them that they needed an 'expert'. This expert arrives with a loader truck and violently digs up Granny Pig and Grandpa Pig's garden, leaving a big hole that is then turned into a pond.

Watching this episode of *Peppa Pig*, I am reminded of a kōrero I read between the artists Bridget Reweti (Ngāti Ranginui, Ngāi Te Rangi) and Ana Iti (Te Rarawa) where Reweti says, 'A cultural object is important because it's in our collections, but only because one guy said it was.'[1] The many guys who founded the 'museum' created it to house the spoils of colonisation, which occurred through the destruction and plundering of whole communities during the so-called Age of Exploration. The writer Ariella Aïsha Azoulay has described the museum and its archive as the site of a crime. In her book *Potential History: Unlearning Imperialism*, Azoulay describes how these institutions are inextricable from an imperial framework – they were founded to serve and are an integral part of imperialism.[2]

The museum is a place where the pressures of the past exert a powerful influence on our contemporary political and cultural lives. These historical pressures seep into the walls and demonstrate who controls the meaning of history, and who gets to tell it. There is the belief that the museum is a site that is neutral and committed to intellectual inquiry rather than a site created out of Eurocentric notions of superiority, ownership and domination. The Taranaki historian and archivist Dr Rachel Buchanan (Taranaki, Te Ātiawa) has said that 'History decides who will win the right to be generous, who will be able to offer apologies and settlements and reparations and partnerships.'[3]

---

1 Ana Iti and Bridget Reweti, 'Heavy to Hold: Ana Iti and Bridget Reweti in conversation', *Blue Oyster 2016 Annual* (Dunedin: Blue Oyster Te Tio Kikorangi, 2017), p. 12.
2 Ariella Aïsha Azoulay, *Potential History: Unlearning Imperialism* (New York: Verso, 2019), p. 100.
3 Rachel Buchanan, *The Parihaka Album: Lest We Forget* (Wellington: Huia Publishers, 2009), p. 70.

But who gets to be generous even after settlements, apologies and partnerships are made? Whose stories do we get to tell and how?

In her film *Treasures Left by Our Ancestors* (2016), Ana Iti is seen crouching before two museum displays at the Canterbury Museum. We see Iti's body in silhouette and look upon two dioramas of what appear to be scenes of three figures from the Neolithic period. However, these are in fact not representations of Neolithic peoples but of 'Southern' Māori. The story the exhibit tells about 'Southern' Māori is one that has been hashed out over and over again – it is a history where we were simply noble savages who arrived here by accident and brought the moa to extinction.

Treasures Left by Our Ancestors was made in response to two permanent exhibitions at the Canterbury Museum, *Iwi Tawhito – Whenua Hou/Ancient People – New Land* and *Ngā Taonga Tuku Iho o Ngā Tūpuna*. The video shows the artist crouching in front of the dioramas, positioning her contemporary Māori body in relation to the constructed scenes while museum visitors walk past. Her body is in silhouette and is level with these tūpuna, which is an inherently empathetic action. Curator Melanie Oliver says 'Iti crouches for as long as she can physically hold the pose as a test of her body's endurance.'[4] These life-size dioramas provide little information about the nuanced lives of tangata whenua and depict them as primitive cave people. This exhibit fails to represent Māori in a factual way – as people who had incredibly complex mātauranga that included agricultural practices, rongoā, specialised tools, art, advanced migration, architecture and other practices that all

---

4 Melanie Oliver, 'Ka Mua Ka Muri: Walking Backwards into the Future', *B.208* (Christchurch: Christchurch Art Gallery Te Puna o Waiwhetū, 22 June 2022), https://christchurchartgallery.org.nz/bulletin/208/ka-mua-ka-muri.

existed before colonisation. Iti is at the same level as the tūpuna because she is trying to both understand this version of history and situate herself kanohi ki te kanohi with these tūpuna who are shown only as colonial tropes. Her intervention is a gentle pushback against the enduring patriarchal imperialism inherent in museums, which are still guided by Western frameworks for understanding and engaging with people and their taonga.

There was significant pushback against these dioramas for many years, particularly from some hapū of the Ōtautahi region Ngāi Tūāhuriri. The Canterbury Museum board member representing Ngāi Tahu, Puamiria Parata-Goodall (Ngāi Tahu, Ngāti Māmoe, Waitaha, Ngāti Kahungunu), has said of these exhibits, 'That is not an accurate portrayal of my ancestors and it locks them in that space. It leaves us hanging back there as though we disappeared. And we didn't disappear, we're still here.'[5] Not just mana whenua but the wider public were also disparaging of *Iwi Tawhito – Whenua Hou/Ancient People – New Land* and *Ngā Taonga Tuku Iho o Ngā Tūpuna*. As part of a recent public consultation for its $195 million redevelopment, a number of the public came forward, including one person who said, 'It's embarrassing that I have to explain to my kids every time we pass it why white people should not create displays like this – the indigenous people end up looking like savages.'[6] Iti, who first saw this exhibition as a child and then saw it again as an adult while researching another project, has remarked that 'It was as if Māori had never been

---

5   Cate Broughton, 'Public feedback criticises "tired" Canterbury Museum, but changes a long way away'. *Stuff*, 10 August 2020, https://www.stuff.co.nz/pou-tiaki/122375623/public-feedback-criticises-tired-canterbury-museum-but-changes-a-long-way-away.
6   Ibid.

explorers who came to Aotearoa using a sophisticated system of navigation by the stars and ocean currents. That instead they passively sat while "The sea supplied an abundance of fish, marine mammals, shellfish and other foods".[7] The way in which the stories of these tūpuna was told was both archaic and painful. It was representative of the history of museums as bastions of white supremacy, whose creation was rooted in violence perpetrated against colonised people, whose stories are absent because their storytellers are not experts like the Mr Rabbits on *Peppa Pig*.

Iti's single-channel video shows these dioramas, one of which claims to represent a 'Moa Hunter', with the mirrored glass cases reflecting the museum visitors walking past and obscuring the tūpuna. Simon Palenski notes that out of shot in the museum is a skeleton of the South Island giant moa, which leans over the entrance to the exhibition.[8] There is little context given about moa as a species; instead, there is just a note explaining that they were hunted to extinction by humans (Māori).[9] This representation as a 'Moa Hunter' was a dominant trope within early representations of Māori, particularly in museums. Some ethnographers who called it the 'Moa Hunter period' have even framed it as a classification period. I often wonder how many birds and fauna have disappeared following the arrival of Europeans to Aotearoa, which, funnily enough, is not described in quite the same paternalistic overtones. The extinction of moa was not without regret as evidenced in the number of whakataukī warning of the ramifications of

---

7 Simon Palenski, 'Ana Iti: Before the displays', *Circuit*, 14 January 2018, https://www.circuit.org.nz/writing-and-podcast/ana-iti-before-the-displays.
8 Ibid.
9 Ibid.

such a sudden disappearance.[10] One such whakataukī from 1800, Ka ngaro ā-moa te tangata, or The Māori will become extinct like the moa, spoke to both the cultural memory of the moa's extinction and to the anxiety Māori felt over European settlement.[11] Out of the trauma of two hundred years of settlement, Māori established conservation kawa, which we would now call kaitiakitanga. The recurrent theme of many of the whakataukī and pūrākau handed down through our oral histories is that we are intimately connected to te taiao and that in order to thrive, we must protect it.

Revisiting *Treasures Left by Our Ancestors* and thinking about the plight of the moa, I am reminded of the painting 'The arrival of the Maoris in New Zealand' (1898) by Charles Goldie and Louis J. Steele. In this painting, Māori are depicted as emaciated and flailing on a broken waka battling rough seas. In reality, Māori were able to make empirical observations based on scientific research that was shared and disseminated by a number of cultures across Te Moana-nui-a-Kiwa. This data was then used to navigate towards Aotearoa using the stars and currents and to adapt to a climate vastly different from that of other parts of the Pacific. Recognition of these feats was not included in the dioramas at the Canterbury Museum – even in 2020 after 'a vinyl label was installed partly covering one of the displays, claiming that the museum has made a commitment to work with Ngāi Tahu to replace them'.[12]

---

10 Priscilla Wehi, Hēmi Whaanga and Murray Cox, 'Dead as the moa: oral traditions show that early Māori recognised extinction', *The Conversation*, 6 September 2018, https://theconversation.com/dead-as-the-moa-oral-traditions-show-that-early-maori-recognised-extinction-101738.
11 Meilan Solly, 'Oral History Suggests Māori Proverbs on Bird Extinction Mirrored Fears of Indigenous Group's Own Decline', *Smithsonian Magazine*. 6 September 2018, https://www.smithsonianmag.com/smart-news/oral-history-suggests-maori-proverbs-bird-extinction-mirrored-fears-indigenous-groups-own-decline-180970225/.
12 Melanie Oliver, 'Ka Mua Ka Muri: Walking Backwards into the Future', *B.208*.

When I first saw *Iwi Tawhito – Whenua Hou/Ancient People – New Land* and *Ngā Taonga Tuku Iho o Ngā Tūpuna* in 2014, I wondered how it was possible that such an exhibit could be shown in Aotearoa even at that time. On further enquiry, I found out that not only did this exhibition win the New Zealand Tourism Board's Award for 'best contribution to cultural understanding' in 1993, but it was based on research dating back to a discovery of moa bones in a swamp in North Canterbury by geologist Julius Haast in 1866. Haast was the co-founder of the Canterbury Museum and has several places named after him, including a glacier, a maunga, a town and an awa as well as a schist (a specific kind of rock). He is also responsible (along with the Scottish geologist James Hector) for the perpetuation of historical falsehoods around the Moriori people – that not only were Māori a more superior people that were able to expropriate land from the Moriori but that Pākehā could also expropriate that same land on the basis that they were superior to both Māori and Moriori.[13]

What does the story of Julius Haast tell us about 'cultural understanding'? As K J Belshaw writes, 'Place names are an important aspect of culture and identity as they provide a location where history, events, landscapes, relationships and people are remembered, celebrated and reinforced.'[14] Naming is an administrative and political act; it is an expression of power.[15] The fact that many of these places might have already had stories

---

13 Ranginui Walker, *Ka Whawhai Tonu Matou Struggle Without End* (Auckland: Penguin, 1990), p. 42.
14 K J Belshaw, 'Decolonising the Land – Naming and Reclaiming Places', *Quality Planning*. 7 December 2005, p. 7.
15 Ibid.

they were named after was not something that men like Julius Haast would have considered.

The first museum in Aotearoa was the Colonial Museum established in 1865 on Museum Street, behind Parliament in Thorndon. The Colonial Museum became the Dominion Museum and moved to Buckle Street where it was built on top of Pukeahu pā. It is now Massey University, where Iti and I studied together for two years. It's an eerie place to share a studio, and I never liked to go there at night-time because of the kēhua. The Canterbury Museum was the second museum established in Aotearoa, in 1867. Following the boom in the trade of objects and remains looted from all over the world, including Toi moko, the Canterbury Museum housed an enviable collection of taonga. But as Azoulay reminds us, objects aren't disconnected from the many worlds ruined through the process of looting or 'collecting'[16]. In July last year, Canterbury Museum – alongside Otago University, Tūhura Otago Museum, Whanganui Regional Museum and Auckland War Memorial Museum – took part in the repatriation of almost two hundred karāpuna (Moriori ancestral remains). Canterbury Museum has been diligent in its attempts to return the remains of tūpuna from all over the world. *Iwi Tawhito – Whenua Hou/Ancient People – New Land* and *Ngā Taonga Tuku Iho o Ngā Tūpuna* has also been taken down and Museum staff are committed to working closely with Ngāi Tūāhuriri as part of the Museum's $195 million refurbishment. It remains to be seen whether the museum will follow through on these promises, but there is potential for there to be a fresh start based on care and

---

16 Ariella Aïsha Azoulay, *Potential History: Unlearning Imperialism*, p. 141.

respect that can hopefully lead to new stories being shared, which would offer the chance for repair between Māori and the museum.

Museums are spaces that feel like the marrow has been sucked out of the bones before you have even started eating your boil up. They neutralise living forces[17]. They are spaces marred by a particular kind of melancholy, and they feel representative of an acute crisis of identity felt particularly by Pākehā, who often struggle to acknowledge the harms caused by our colonial and imperial past and how this lingers within our present. The museum's primary role since the nineteenth century has been as an infrastructure of cultural whiteness, which is bolstered and reinforced by its practices and its ability to control meaning and who can share their stories. In an essay adapted from a speech given at the International Centre for the Study of the Preservation and Restoration of Cultural Property in Rome, Puawai Cairns (Ngāti Pūkenga, Ngāti Ranginui, Ngāi Te Rangi) talked about the Māorification of museums with a core tenet being that they 'recognise that the value of an object is intrinsically linked to the value of the story and the ongoing participation of its people.'[18] Artists like Ana Iti are creating artworks that ensure we question the stories we have been told and open spaces where we can consider more collaborative, Māorified storytelling. *Treasures Left by Our Ancestors* has been recently acquired by the

---

17 Malgorzata Ludwisiak, 'How Museums Could Reimagine Themselves in the Aftermath of the Black Lives Matter and Rhodes Must Fall Movements', *ArtNet*, 15 April 2021, https://news.artnet.com/opinion/museums-after-blm-1959349.
18 Puawai Cairns, 'Decolonise or indigenise: moving towards sovereign spaces and the Māorification of New Zealand museology', *Te Papa blog*, 10 February 2020, https://blog.tepapa.govt.nz/2020/02/10/decolonise-or-indigenise-moving-towards-sovereign-spaces-and-the-maorification-of-new-zealand-museology/?cn-reloaded=1.

Christchurch Art Gallery Te Puna o Waiwhetū, where it can be a witness to changes to the way museums (and galleries) engage with Māori. *Treasures Left by Our Ancestors* is the kind of storytelling that means I can continue my work as a Māori museum worker and not feel like I will ever be thought of as a Mr Rabbit. Because of artists like Ana Iti, I know that my daughter and her children will have a very different experience of the museum. I hope for them that this experience is one where they feel represented and can tell their stories on their terms.

Zion and the Three Cancers

ERU J HART

Frontispiece:
Zion's mum, my sister, has posted on Facebook 'Anyone seen this cat?'

Attached is a regal-looking photo of Ralphy peering judgily at the viewer. Ralphy is one year old and Zion's first cat. When I see Zion later that week, I ask him where Ralphy is. His mother has told him the unwelcome news. Ralphy has probably been eaten or squashed on the road or most elaborately hanged by his collar after dropping from an unfamiliar tree.

'Ralphy has been killed,' he tells me in a three-year-old's cleancut way.

The next day Ralphy comes home.

I.

The First Cancer was mine, though I don't remember it. I asked Mum, as an adult, both of us, how old I was. 'Three or four?' she asked in a questioning voice, as if I might know.

I do remember being sick and being in the hospital. I remember they had school there, where you played with sweet-smelling playdough, and got chocolate milkshakes (or orange juice) in the morning, before light, from a tray that jangled in the dark hallways.

I remember the smell of olive oil and Dad rubbing it into your head and giving the Blessings, the Laying on of Hands, and Dad using the Church Voice: 'Our Most Righteous and Eternal Heavenly Father'.

I remember that being sick meant you could ask for anything and one of the adults with a sad look on their face would probably go and get it: KFC, bowl of ice cream, a book from the Whitcoulls catalogue – that sort of thing. I knew that the next kid down – my brother Les – didn't have cancer and that meant he couldn't get what he asked for. So, he didn't even bother. And I knew that he hated me for that, and this hate would long outlast the cancer. He even hated me from prison.

I knew that being sick meant I was skinny and that Dad would feel my hip bones to see if I had got fat since the last time he fingered my bones. And I knew I had asthma, which meant your lungs were broken too, which seemed a lot since I had cancer of the blood. It seemed a lot for a child, like too many sicknesses.

I knew that being sick meant you were Holy because Jesus had His Eye on You and might take you to be in His Bosom as soon as He felt like it. Any moment really.

But the most important Lesson from my cancer was that Fasting Works. My Nanny Emma played the organ at church and had all the church manuals, and the large picture of the Lord hanging in her lounge in his red robe, which is the one they scorned him and killed him in.

And one week at church, my nan had hobbled up to the pulpit and asked the Ward to Fast for her sick mokopuna who was dying and that the whole Ward fasted, which means you don't eat for two meals and donate the money you would have otherwise selfishly spent on your hunger to The Church so they can build another Temple in South America. And the whole church, or at least the people who loved Nanny, like we did, starved themselves for breakfast and lunch and gave the $10 or so to The Church, and the next day I went to the doctor's and the doctor said, 'It's a Miracle. No more Cancer. I can't believe it; I have only seen this once before.'

And this all proves that The Church is True, and these are indeed the Last Days and that The Lord will select those who deserve to Live Again.

Nanny died a year later, but her example of Faith will live on until people forget her.

II.

The second cancer was Joanna's. She was my first cousin. Her mum and my dad were brother and sister. I had been living in Wellington since 1997. My father had died of a massive heart attack, and I had moved to Wellington six months later, now free from religious indoctrination and control. I was the first in my family to go to university, don't you know. And I was going to be a lawyer, did you hear? And my life was generally going to be more successful than anyone else you had heard of (excepting celebrities).

But I had fallen into wanton ways, vices and the fiery darts and snares that Satan lays out. And instead, it had taken me fifteen years to get a Bachelor of Arts in English Literature, which any idiot who can read one hundred books and make up an essay the night before can get.

And I had got a master's degree in Teaching and Learning, which sounded made up, and there were more Māori than usual, so maybe I had snuck in under some aspirational racial profiling. And then I became an English teacher because what else can you do with all that paper. And I was teaching in a decile 10 high school with kids who would inherit more money than my father had saved after a lifetime of working in the freezing works.

And out of the blue, Joanna had texted me, 'We've moved back to NZ. Can we meet up?'

So, I'd met her on a windy pier in Lyall Bay, and we ate fish 'n' chips. Les was living in Wellington too, a few years out of prison and Doing Quite Well, which was a relief for The Community and his family. But he still had a way of interrupting me and speaking and breathing, which annoyed me no end.

'Drawn together by kin,' Joanna had told me. And Les and I felt that.

And she introduced me to her sons who were all vigorous and handsome, and her husband who was rascalous but also handsome and therefore entitled to a range of unacceptable behaviours.

Zion and the Three Cancers

Two years later, she asked to meet during the school holidays.

And I went out to Porirua, which is a fifteen-minute drive north, and practically a different country from Wellington City. There are children living in Porirua who have never been into The City. There is a Kmart Plaza in Porirua, and a nice swimmable beach, and many thousands more Islanders and Māori in Porirua.

Joanna told me that she had been running on the treadmill and fell over and that was strange because she is fast and slim and could be a Black Fern Netballer, going by her build. So, she went to the doctor with her sore leg, and he told her she had Pancreatic Cancer. I told her I was sorry, I mean, what else do you say?

By the next school holidays, she was bed bound and drinking beetroot juice only.

Two weeks later, she sent me a text to meet her at her Ward, and when I got there, she was in a wheelchair and drugged-up looking, smiling serenely, glassily. And when it was testimony time, she got her husband to help her up to the pulpit, and she then said, 'I declare before all the Tents in the House of Israel that I am Cancer Free, and the Lord has shown me my future: Russleigh and I will Serve a Mission.'

And later that week I got a text from Aunty Ella that 'Joanna has died.'

The day we buried her, Russleigh came up to me and said consolingly, 'She loved you. She really loved you.'

But he didn't need to tell me that,
We were Kin.

Intermission:

'That nurse was really rude,' I told Jaye as we walked out of the exam room in Auckland Hospital. She rolled her eyes at me impatiently. Pouted. 'That's why I brought *you*. To see the way people who look like *me* get treated.'

I had been in class the previous week when a breathless girl, sent from the Office knocked on the door. 'Miss wants to see you.' I skulked out of the classroom and headed east to the office.

'Your sister rang. She needs someone to go with her Friday, up to Auckland.'

'Sorry, Miss.'

I was annoyed that my family had intruded into my workplace. I had been feeling fucked off that I'd had to support myself financially during the exceptionally lengthy process of becoming the first university graduate in my whānau. Like some unrequested Moses, I had returned to Hawke's Bay after twenty-plus years in Wellington, and I was still adjusting to taking into consideration my family's many and varied unmet needs. The phone is an effective gate to contact: messages can be left unread, calls can be missed. There is a patience to such communications. But calling, knowing the person must answer, is so insistent.

'It's not a walkie-talkie,' I tell people who ask why I haven't picked up.

So, Jaye had called the school office and spoken with my principal, and the principal had approved my leave, and I was now just finding out about their plans.

A counsellor once described me as a 'Nanny-Boy,' and I knew what she meant straight away. And here I was getting nannied into meeting the needs of older women again. Pressured internally and externally to fill up gaps designed to be filled by other men who have abandoned their responsibilities: husbands who have died, fathers who came and left.

The first person who gave me illicit drugs was Jaye. Mum had left her at Nan's when she married my dad. Nan only lived a block away. The Church had set my parents up: he was a widower whose wife had died of stomach cancer four years before, but still had handfuls of children at home to care for. She was an unmarried solo mother living with her mother. Both situations were intolerable, and The Church had established itself as the One Source of All Things True and Beautiful, so there were appearances to be kept. The End of The World was on its way, you know.

So, my parents got married. He was twenty years older than her and had previous children the same age as Mum, so it wasn't ever clear who was in charge, except that Dad always was. But the next in line was a source of everyday tension. Margaret had lived in the house her whole life and that was her dad, and he and her mum had been perfectly happy (she would imagine) until cancer killed her mum. And what was my mum doing there anyway? Margaret had done fine for the four years between marriages, cooking and cleaning, changing nappies, packing lunches and keeping Dad company. And then my mum had come along and pushed her off the queen's throne, and no house can have more than one queen. And who else would Dad defend but his little girl who was now thirty and had never found her own husband?

She was married to the house and her younger siblings and the housework – so much washing in a three-bedroomed house with ten people in it.

But then I had been born, and I was sickly. And Margaret had always loved a baby, and a boy was a pleasant change from the last run of three girls. And suddenly, there was a shared thing to love, so Mum retired into her bedroom because she's never liked children.

Ten years into this misery, my mum had remembered her other child, and Nan had died, so she better go and pick her up. Jaye was darker than us and naughtier at school. She went to Girls' High School across the road from our school and would lean against the fence and call out to us. She would walk us home along St. Aubyn St only to eat our leftover lunches and ask what Mum was doing and about the Old Man. We didn't know who Jaye's dad was, but the point was she had none, and she belonged to Nan, and we had moved on without her.

But then Nan died, and you couldn't help but feel sorry for Jaye, and there was no room at our house, but you couldn't leave her in Nan's house now that Nan was dead. So, we squashed her into the corner of the boys' room, and she didn't have any belongings so that was good because there was actually no room for her body and spirit, let alone her belongings. And Mum would look at her as if she were some loved and unloved mistake, but Nan was dead now, so you couldn't forget about her and leave her there any more.

The first night she stayed at our place, she had pushed Kirstine and lit a stick of incense, and Dad had simply had enough. So, he went charging down the hall with those heavy steps of his and lifted that fat hammy fist of his to shake at her, 'If anyone hits in this house it's *me*.' And Dad had a way with words; he didn't say many, so the ones he voiced were important, loud and heavy. The kind that give kids headaches and make mums think twice about answering back.

Later that week it was just Jaye and me home. I was ten and she was seventeen.

'Do you want to try something?' she asked.

'Something like what?'

'Something like weed.'

'I don't want to eat weeds.'

'You don't eat it. You smoke it.'

I gasped. 'You know I have asthma. I've been to hospital.'

'Bring your inhaler.'

So, we went out the side of the house by the woodshed Dad had built out of wood he found. And she lit her joint with a lighter, and even a lighter was forbidden let alone weed, but this was all part of the New Order of Things now that we had to pretend we had always had this sister and had always had to choose between a new sister and our old sisters, and our dad wasn't her dad, but our mum was now Nan was dead. It was a lot for a ten-year-old.

And sure enough the smoke made my lungs hurt, and I coughed, and my chest got tight.

'Have your inhaler!' She laughed meanly, and my eyes got blurry. But she looked at me like she knew it would go bad, and although she loved me, we had stolen her mother, and maybe I deserved something like this.

When Mum and Dad and the kids got home, I just couldn't even look at them. And there was Jaye in the corner, red eyed, offering to help unpack the groceries, and I just knew we had done a wickedness and there would be a Hell to pay eventually.

III.

So, the third cancer was Jaye's. I can see her now at the School Gala 2021, holding her jaw like someone had punched her.

'Aren't you eating any of the food, sis? The hāngī is ready at 1 p.m.'

She shook her head. 'Sore tooth.'

She took her sore tooth to the dentist, and the dentist told her it didn't look good, and she needed a biopsy. And the biopsy person said it didn't look good, and she needed to fly to Auckland. And I flew with her. And the flight nurse on board, Kate, whose brother I went to school with, looked worried the whole time, but in a kindly way.

Auckland was just as messy a shithole as it was in my memory. Flat, wide, sticky and dismantled looking. And the hospital was worse. Jaye and I were ushered into a room that looked like a NASA control centre with a dozen monitors and white men and Asians (dark and light) monitoring the screens. And they shoved a camera down my sister's neck, and for the first time I *saw* cancer. It was yellow, or like mouldy meat, and moist, pulsing and bloody.

Once the medical people took some screenshots, we were ushered out again, and the nurse said, 'Go downstairs. They have Subway. The doctors will speak to you after lunch.'

But we didn't make it down to Subway because in the hallway I told Jaye, 'Fuck, those people were rough with you,' and she said, 'That's why I brought *you* so you can see how people who look like *me* get treated all the time.' And just as she said this, I noticed a rivulet of red blood dribbling down the right-hand side of her mouth, and I gagged. And this made her look suddenly frightened, like now was the time to let that out, after holding it in for weeks. And I called for a nurse, panicking.

And Jaye died on Christmas Day 2021, in her sleep, forever ruining 'Silent Night' or making it Holy forever, depending on your perspective … *Sleep in Heavenly Peace.*

And her brothers had to pay for her funeral because her boyfriend of twenty-five years only wanted to smoke weed with her every night and pump her full of four children, but not support her financially, emotionally, or intellectually.

Denouement:
It is said that cancer is the cousin of the process of evolution. That the random mutations that create flowering plants from ferns or a worm with a spine or an ape that ruins the world from some East African monkey also creates, now and then in the unlucky, cells that replicate and cannot be controlled. So that the cancer process is a necessary co-product of life's ability to adapt, develop and evolve.

Well, how fucking bad would it have been, really, to have stayed forever unformed in The Garden and have avoided all this nonsense?

'A thousand years, oh, glorious day!
Dear Lord, prepare my heart
To stand with thee on Zion's mount
And nevermore to part.'
Let Zion in Her Beauty Rise, Edward Partridge (1793-1840)

A Dangerous Country

Nadine Anne Hura

On Tuesday night I couldn't sleep. I got out of bed and crept down the hall into my daughter's room. My mum once told me that when she left my father she used to lie in the dark, shaking, wishing she could bring me into bed with her, but she never did. She said she was worried it would traumatise me. When I opened the door, Bobbie called out my name reflexively.

'What's wrong?'

'I can't sleep.'

She groaned and shuffled over. Under the covers, she clasped my fingers and threaded her arms and legs between mine like roots beneath the soil. Life is infinitely circular. I sometimes forget that I am a mother. During the divorce we always slept this way – single bed or couch or mattress on the floor. I'm not sure what trauma I've absorbed or avoided or passed on or put to rest, but permitting distance between us at night – a whole hall's length – is something we have learned to do over many years. It requires confidence. An assurance of safety. Danger is something the body is attuned to at a cellular level. A mother can pass it on in the waters of her womb.

**

I once wrote in a story that the reason it can be so difficult to learn te reo Māori is because the tongue cannot hold what the body remembers had once been dangerous.

It doesn't matter how many flashcards we make or reo classes we drive to in the rain and dark, so many of us carry the fear of humiliation into the room with us in the filaments of our skin. I see it even more in my father's generation, older classmates whose parents were smacked, whacked, scolded and shamed for speaking the only language their throats had ever known. The mind can make all kinds of assurances – that the doors are locked, that you will remember your pepeha when it's your turn to speak, that your brother's unanswered texts are nothing to worry about – but the body needs proof.

My own fears are rooted in an often unshakeable feeling of shame. In a society dishing out judgment from every crevice and corner, I know I am not unique. But whakapapa is like a super long lens; anxiety is not a choice but a consequence of fear – fear of dispossession, fear of losing.

When I first left New Zealand, I hid out in South America and learned to speak Spanish, think Spanish, become Chilean. I was seventeen. Still now, people will say that I have no discernible foreign accent in Spanish, which always makes me smile shrewdly because that's exactly what I wanted: to blend in. To belong somewhere fully and completely. If New Zealand wouldn't claim me, I wouldn't claim New Zealand either.

This is wild when you consider that only two hundred years ago, all the land in this country belonged to hapū, my own included. It's one thing to have acquired the land; it's another thing to have very nearly successfully wiped clean the collective memory of that dispossession.

I remember my Chilean host father asking about my parents and frowning with surprise when I told him my father was Māori.

'Entonces eres indígena?'

I had to look the word up in the *Collins Spanish–English Dictionary*: 'indígena (adj). people or things belonging to the country where they are found'.

It's bizarre, I realise now, to have learnt what it means to belong somewhere natively while living on someone else's stolen land, through another coloniser's language.

***

I recently listened to an interview with trauma specialist Bessel van der Kolk, whose book *The Body Keeps the Score* has become a worldwide bestseller. I was sewing when the interview came on the radio, and I braced myself for Western-influenced science, either blinkered to indigenous knowledge systems or appropriating them.

But as the interview went on, I found myself stopping to take notes: trauma is characterised by a failure of the brain to turn a painful event into a memory belonging to the past. The body continues to relive the physical sensations of the event as if it is happening now.[1]

Racism is a particular kind of trauma because it is not a single event but an accumulation of events. Half the time, you can't even see the way racism beds its way into your psyche, let alone catalogue all the ways its existence has shaped your very image of yourself. Van der Kolk says an inaccurate memory isn't unusual in relation to trauma. We are not programmed to remember things accurately so much as to learn from what we experienced.

My own experience is perversely rooted in the counter-intuitive idea that I'm lucky. I was born with chameleonic powers. At school in New Zealand in the 1980s, I learned how to shapeshift. I learned that to be Māori was to be brown: half-caste, dirty, dumb, less-than. To be Pākehā was to be white: whole, clean, brainy, superior. I thought I was 'lucky' because I could be one or the other, or both, or neither. My skin provided a cover of ambiguity.

My brother was different. One of my most enduring memories from Papakura Primary School is of a boy with a looming snarl standing over me and jeering that there were no full-blooded Māori left. He was daring me to contradict him. He pointed to my brother across the quad and asked if I was his sister. A bunch of kids were standing around watching. I wanted to shove the boy in the chest and spit in his face, but he had me trapped with illogic. He was using my brother as a lure so that I would out myself.

---

[1] Bessel van der Kolk, paraphrased from interview with Kim Hill, *Radio NZ*, 2018, *https://www.rnz.co.nz/national/programmes/saturday/audio/2018880402/dr-bessel-van-der-kolk-how-to-heal-trauma.*

A Dangerous Country

This memory has become emblematic of the bond between my brother and me: a rope stretched taut across a dangerous country.

* * *

Seen clearly, colonialism doesn't just alienate land from her people. At its most successful, it alienates people from themselves. Racism rips out self-belief and sows in its place self-hatred.

Thirty or so years after the playground incident, my brother and I sat in the back of his van as I listened to him tell me unselfconsciously that he felt like a white man trapped inside a black man's body, and that he wished he'd been born white. I tried to expose and articulate the source of this internalised racism, but he was a few bottles in and not in the mood for my heavy shit. He said he felt more comfortable in Pākehā spaces with white people, and I should be glad I was born white.

Soon he had us cracking up about the irony of me going around trying to prove to everyone I'm brown, while he's going around trying to prove to everyone he's white, because sometimes it's easier to laugh at racism than to fight it. And all the while tears were streaming down our faces, I was thinking about the time we went to hire a moving truck and were refused service for no other reason than the guy just didn't like the look of us. I needed that truck so badly, but the rental guy was belligerent, and I could feel the walls closing in. My brother wasn't the first to swear, but he wasn't about to back down either, which in certain situations can cost you your life. Submission is the first rule of being brown in white spaces.

Driving away, I unleashed a torrent of tears and rage, unclear who I was trying to blame.

'Don't worry about it,' my brother said, frustrated with my frustration. He rolled down the window to let the breeze in.

I suppose when you've lived your whole life with people just not liking the look of you, you develop a level of tolerance for it. Mine was low. I *really* needed that truck. I clamped my lips together to stop my tongue from blurting, 'Couldn't you just *not* be you for *five minutes*?'

And there it was, exposed as a raw nerve: it was easier to blame my brother for the colour of his skin, for his inability to shapeshift and his unwillingness to submit than it was to fight the rental guy, or to stand up to the playground bully, or to confront the white man from whom I only had a few hours to escape.

***

I have never claimed, and would never claim, to have suffered the kind of racism my brother experienced throughout his life as a matter of routine. But neither is it correct to say I haven't felt the impact of racism. My trauma is more akin to survivor's guilt.

Though I can't recall the name of the playground bully, I know clearly what I learned from the incident. And while I do not remember what my mum lived through in those shaking nights when she was trying to leave my father, I do know that her survival is part of the reason I feel lucky.

Lately, I have started to consider the possibility that my fear of losing people I love is not just your garden-variety anxiety but is a very specific genetic memory of the violent separation of my ancestors from their land and from their language.

This kind of thinking has the potential to change things. If I can't have compassion for my shamefully lethargic journey with te reo, perhaps I can have compassion for the parts of me that existed before I was born.

With this lens, it's possible to conceive that the shaking that comes over me when I try to unlock my throat to speak might be the same shaking my cells remember from the years my mother lay in bed listening for the sound of my father's footsteps on the gravel, and those boots belonged to a man who was beaten by his mother, who was in turn beaten by the native school master – and none could comprehend the source of the violence that came over them when the drink got hold.

Perhaps, then, my suspicion throughout all the years of my life that my brother was in some kind of danger wasn't just an unruly imagination beset by intrusive thoughts, but a very real warning siren from a stomach pre-programmed with wisdom my mind cannot grasp the origins of.

***

Contrary to the therapies most readily prescribed by Western medicine in the treatment of trauma and depression, van der Kolk's evidence affirms what most of us instinctively know – certainly my brother knew – to be true: understanding why you're screwed up doesn't make you less screwed up. Talking about the trauma doesn't 'fix' it.[2]

Counselling and medication, says van der Kolk, are limited in their effectiveness because neither are sufficient to rewire the brain to a sense of safety. Talking doesn't soften traumatic memories or make them go away. Therapy can be important to validate what happened, but the mind cannot easily crack the code that keeps

---

2 Paraphrased from interview with Kim Hill, *Radio NZ*, 2018.

our muscles alert to threats programmed into our bodies across lifetimes. To protect itself, the brain will typically attempt to suppress trauma, or outrun it, or press it onto a page or laugh at it or wash it down with booze. But it's the body, not the mind, that holds the keys.

One of the last conversations I ever had with my brother I recorded on my phone, which is how I can trust the accuracy of the memory. The Pixies are singing 'Where Is My Mind?' softly in the background. My brother says he chooses 'not to ponder all that shit', referring to our childhood. He says he doesn't want to use the past as a crutch.

Was he traumatised by our stepfather's treatment of him? Yes.

Was he petrified every time he walked in the room? Yes.

Had it affected his relationships with his own kids? Yes. *Yes it had*. That's why he preferred to be alone.

But he was emphatic about accepting responsibility for himself. 'What happened is what happened. I don't want to blame anyone.'

I don't think he was approaching forgiveness so much as trying to locate the keys. He understood that trauma was locked in place by fear, and fear has a way of controlling people, and more than anything, my brother hated not being in control. He was often ashamed of his own outbursts – confused by the source of his rage and his aggression and the vile things that sometimes spewed out of him when he was blind drunk and aggrieved.

A decades-old diagnosis of depression and prescriptions for drugs and counselling had been far less effective than the things van der Kolk's research proves most helpful: physical activity and movement. Music. Laughter. Keeping busy and having projects. Not dwelling on the past, getting a good night's sleep, affection, connection. Having friends and being listened to and ripping up the dance floor.

In more recent years, he had been self-medicating with mycelium and dimethyltryptamine. Some mind-altering substances are thought to be effective in treating trauma, van der Kolk says, because they assist a person to relax and connect to a higher truth and enlightened perspective of the world and of themselves. One of the results of trauma is that a person can develop a sense of self-loathing and become fearful of themselves and their own memories. Psychedelics may operate in a similar way to dream sleep, helping people access the self-compassion they need to convince themselves that what happened is not their fault. When cured, trauma becomes just a story people tell about the past: That was then. This is now.

But a nation founded on racism is a dangerous one. If restoring a sense of physical safety is at the core of treating trauma, as van der Kolk suggests, then the body requires continual assurances that it is no longer under threat. But how can a body be convinced that racism belongs to the past if evidence to the contrary exists everywhere, all the time? Racism is not a single traumatic event belonging to the past but an accumulation of events that continue to compound in the present.

The denial of colonial violence and the ongoing refusal to collectively validate the fear and trauma it has caused across multiple generations – and still does – can make a person feel crazy. A person might suspect *they* are responsible for causing their own distress.

Racism could make you hate yourself so much you might perform violence against yourself, just to be free from it.

***

Some days, I can hear and see my brother more clearly than I ever did when he was alive. We still laugh; we still argue. He still gets frustrated with me – all my heavy shit. He insists there is no trauma where he is. He has mastered flight. He has defeated danger. He has transcended fear.

He swoops across the canopy, mere inches above my head, or he sits on the fence with his head cocked to one side and watches me through the window as I sew. He talks in riddles: *There is no separation between you and me and the billion stars that encompass all who have gone before and all who are yet to come.*

It's a truth I know only our bodies can fully comprehend.

He insists that I need to let go of this search for a person or ideology or cause to hold responsible for his death and all the deaths. He is not referring to the struggle for justice or an end to racism; he is referring to the weight of my own complicity, my own silence, my own guilt – all the shapeshifting I have ever done to hide safely inside this white skin.

It's not your fault, he whistles.

***

On Wednesday morning, I woke before Bobbie. She huffed and turned and faced the wall as I tried to extricate my limbs from hers. Sometimes I forget who is the child and who is the adult.

'I had a dream,' I whispered to her back.

Her shoulders relaxed. Recounting dreams is an old habit.

'I was in a park, walking around Uncle's Dazza's van, looking for you, and I had a feeling something was wrong. A bad feeling, you know?'

She knew.

'But then I heard someone call my name, and I turned around, and in the distance, I could see him. He was riding towards me on a bike, and he was waving and smiling and guess what?'

She shook her head.

'You were on the back with him. You were both laughing and singing, and he was saying, *Don't worry, she's with me! She's fine!* And I just had this incredible feeling of relief wash over me.'

She turned to face me, fully awake. 'Then what happened?'

'He rode around in a circle a few times, then he dropped you off and rode away, ringing his bell.'

'Ringing his bell?'

'Yeah, he was ringing the bell. He was laughing and ringing his bell.'

My daughter looked at me, held my gaze, and laughed.

Nō Pātea Ahau

AIRANA UEROA NGAREWA

Nāku i whānau mai i Pātea, ā, nāku i tipu ake i Pātea, ko te tāone iti ki te pokohiwi kei te taha uru o Te-ika-a-Māui e takoto nei. I whānau mai tōku pāpā, tōna pāpā hoki, otirā te katoa o ō mātou tūpuna nō konei, i te taunga mai o te waka o Aotea, arā ko Aotea Utanganui, ko Aotea Utangarau mō te kai mō te kōrero. Koirā te hītori o tēnei tāone – i rere rā taua waka me tōna rangatira i te moana, ka noho mai ki raro o Taranaki Mounga whakaruruhau ai. Koinei te pūtakenga mai o tōna ingoa: arā ko Pātea-nui-a-Turi. Nā te mea, ko Turi Ariki te rangatira a Aotea.

    He tāone rongonui te tāone nei. Ka rangona e te katoa o te iwi Māori i te waiata *Poi E*, ko te waiata ā-motu ōpaki tēnei. Ahakoa e kore tuatinitini e mōhio te ingoa a te nēke waiata, ko te Pātea Māori Club ānō ka waiatatia Aku Raukura. Nō reira, koirā ngā kaiwaiata a tētahi hāwhe a te kiriata *Boy*.

E whai tonu ana te tini o ērā kaihaka i ēnei huarahi. Ahakoa kua pakeke ināianei, me kore ake ō rātou mana ki ō rātou mana i te wā o te kanikani a te Māori *Michael Jackson* i runga i te waka raima. Engari ia, kua wehe atu ētahi ki tua, ki te pō. E ngā mate, haere ki Hawaiki, ki Hawaiki nui, ki Hawaiki roa, ki Hawaiki pāmamao.

E kitea ana te wairua o tēnei tāone i te noho o ōna kainoho, ā, kitea ana tōna kaha i ngā whare hou e whakatūtūhia ana hei kāinga me te whakapai ake i ngā huarahi.

E te minita o Pariroa Pā, ko Koko Jim, e tū mai rā. I ia rā, ka maranga ia i mua i te whitinga mai o Tama-nui-te-rā, ā, kua eke atu ki tōna paika, ā, rere ana ki te tihi o te tāone ki te tātahi, ā, kua tirohia te tai i mua o ngā kaikaupoho. Ko tōna tuakana kei roto i te hāhi, ko Koro Syd, e tū mai rā. Pērā ōna waiata i te pūtātārā o Hato Pita, he mahana me te māhaki ōna rangi. Kaua e wareware a Tai, e hīkoitia ana te pāmu purupēre me tōna tinana i hanga mō te NBA; ko Nanny Janine, e whakahōhāngia ana e ngā tauira o te kura, ka nganga ia ki te koha kai me ngā hū. E kore au e mohio he aha te mahi mā tētahi kia whiwhi i te hōnore o te damehood, engari koinei te whakaaringa mō tō mātou *nanny.*

Ko tō mātou tino taonga te tamariki. I ngā wā katoa, ka rere rātou ki runga, ki raro i Egmont Street mā runga paika, runga kuta. E haere atu ana rātou ki te whare pukapuka, kātahi ka haere atu ki te hōpua wai, ki te hōpuni ekewīra, ka mahi manu, mahi pekepeke hoki. Koinei ngā tākaro a ō mātou pākeke i a rātou e tamariki ana.

E mātakitaki ana rātou mai i te pito o te tāone e Turi mā runga tōna waka raima, ko Aotea. Koirā te pou whakamaumahara o te māia me te manawanui o ō mātou tūpuna. Pērā i te rangatira e whai ana ngā tamariki i te wai o te puna mātauranga, e whakaharatau ana i ō rātou *wheelies* me *tail whips* me te toro i mua o te *V* i mua o te manu. He whakaahua i ia manu i ngā pūkenga i ako nei ō mātou tūpuna o te wai. Ka mua, ka muri.

Mēnā ka taraiwa atu koe, e kore koe e kite i te taumata o te tāone nei — me hīkoi atu kē koe, ā, me hau ki roto. Me tau ō waewae ki te onepū a *Mana bay*, kitea ana te wāpu i ngā wā o mua me ngā kekeno e moe ana, ngā takahe i te raima o te *Pātea freezing works*, kua wera kātahi ka whakapai ake ki te peita e ngā tamariki i uru ki ngā mahi tinihanga. Me mōhio tētathi, ahakoa $19,000 te moni i whakawhiwhia i iatau, ka tū tonu te mana o te tāone nei.

He mea rawe te wai i konei, te awa e rere ana mai i Taranaki Mounga. Ka kī ake ō mātou tūpuna ko ia tonu tētahi tohunga i ngā wā o mua. Mō te kaha o tōna wai, kei te tika tēnei kōrero. Nō reira, mō tōna muri me te mauri o Turi, ka tū tonu te tāone nei mō te kotahi mano tau. Nā roto i te rongomārie me te pakanga, te mahi tahi me te tāmi, te tipu a te pūtea me te kore o te pūtea, ka tū tonu a Pātea.

Koinei te take i tuhi ai au, nāku i whānau mai i Pātea, ā, nāku i tipu ake i Pātea. Koinei te take hoki ka kī mātou, ko Pātea ko mātou, ko mātou ko Pātea.

Tin Canning

ZEB TAMIHANA NICKLIN

'E moko, kia kakama, whakatikatika mai te paparahua, kei te rongo atu ahau i te haruru o ngā motopaika e whakatata mai ana.' Te reo whakahau o kui *Hineringa*.

'E kui, kei hea rā te pounamu wīkihi?'

'Kei te kāpata o raro … kua whakatū mai ngā tāhae i ō rātau motopaika, kei te hīkoi haere mai nei, kia kakama!' Te whakahau anō a kui *Hineringa*.

Kua kuhu mai ngā Tāhae ki te whare, kāretahi he pōraka, kirikau ana a runga, ā, kāretahi hoki he pōtae mārō e mau ana ki te māhunga. Ka uru ki te kāuta, ka noho ai ki te paparahua whakapārekareka atu ai, whakapārekareka mai ai.

'E tau, haramai, tau mai rā ki tō tātau whare, … ka nui te hari me te koa o te ngākau kua tau nei koutou ki tō tātou kāinga iti noa nei!' tā kuia Hineringa mihi whakatau. 'E moko, tīkina mai ngā tūtae kurī hei kai mā ngā Tāhae nei … arā hoki ngā karaehe, ka ringihia he wīkihi mā rātou!' Ka rere atu a Tamihana ki te manaaki, ki te whakahau i ngā Tāhae kua motopaika mai ki roto o Ngaio, ki Te Pūtere.

'E kui, kua mātao kē ngā taewa nei.'

'Āe rā, me pēnā tou.' Tā kui *Hineringa*.

Ka noho ngā Tāhae ka puta te reo mihi i te tuakana. 'E kare mā, tēnā tātau, mihi mai, whakatau mai i ngā Tāhae nei ki Pāhauwera whaitua … ka nui taku koa te kite ake i a koutou, mihi mai ki a Te Pūtere, ki a Pareroa e tau nei, whakatau mai rā, kia ora tātau.' Tā Āreta whakahoki mihi, ā, ka whakatakoto i te hauwhātanga poaka puihi ki te tēpu nāna i amo mai.

Ka hora i te mokopuna ngā karaehe wīkihi mā ngā Tāhae nei ka mate tou iho ki te korokoro maroke o ngā tāhae nei.

Ka huri atu a Tamihana ki a Āreta, te tuakana o ngā Tāhae tokotoru nei. 'Ka pēhea rā te hautū mā, e koro?'

'Kāretahi i tua atu, he momo mana motuhake anō ka rangona i te hōiho rino nei, ka mutu, ka rongo koe i te wairua o Tāne kei ngā tahataha e tū mai ana i te ara haere mai.' Tā Āreta whakahoki.

'Tō koutou māia hoki i te kore mau poraka, aha nei, pōtae mārō rānei i te ara tokatoka.' Tā Tamihana.

'He ara tēnei nō neherā rā anō e pakituri haere mai ana, ā, e hautū haere mai nei mā runga motopaika, … kai te mōhio iho mātou ki ōna huringa katoa me te takoto o ngā tokatoka katoa mai i Te Pūtere ki Raupunga.' Te urupare a Āreta.

'Mutu mai ana tā koutou pārekareka kua ahu pēhea atu rā koutou?' Tā Tamihana mahira ki a Gunner, te taina ake nō Āreta.

'Mā te pupuhitanga noa o te hauhei kawe haere atu i a mātau, engari kē me whakatūtū ki ngā kāinga o ngā Māori tokomaha o konei e taea ana e mātou i te rā kotahi.' Tā Gunnner whakahoki.

'E kui, he pai māku hei hoa haere tahi atu ki te motopaika o koro Āreta?' Te pātai a Tamihana.

'E tama, me pātai kē koe ki te koroua nōna rā te motopaika rā, māna tonu e whakatau!'

'Ehara ehara!' tā te koroua me te kemokemo atu ki a Tamihana! 'Taihoa tātau ka haere, me whakamutu atu ā tātau inuinu …, mea ake, inumia touhia iho ai ka waha ake a Āreta kua haere tātau!'

Ka whakaeke atu a Āreta i tōna hōiho rino ka whiore mai a Tamihana ki muri pupuri mai ai i ōna hope. Ka huri atu a Āreta ka waha ki a Tamihana. 'E tama, he rerekē te motopaika ki tā te hōiho whakaeke … mā te hōiho kē koe e manaaki, hei kaitiaki māu otiia, tēnei hōiho rino nei ko koe tou tō ake kaitiaki … ka huri kokona ai me wharara pēnā anō tō tinana – koi wehi mai!'

'Ka pai, e koro.' Tā Tamihana urupare māia nei.

Ka whana whakararo a Āreta i te pētara kia haruru tōna motopaika ka puta te reo haruru ā-kapa nei me ērā motopaika atu anō o ō taina ka wehe atu ai ki te kāinga tuarua.

Ka tōna toru tekau hēkona kau iho ka tae ki te kāinga tuarua, he pātata, he uri anō. Kei reira kē te whānau e pārekareka mai ana it e tau hōu Pākehā otiia, e whanga mai ana ki ngā tāhae nei.

Mihi atu ana, mihi mai ana ka whakatakoto a Gunner i te hauwhātanga poaka puihi. Ka ringi tuatoruhia he wīkihi me te inu tou atu ai. Ka rere te kōrero me te pārekareka heoi anō, kāre anō kia tekau karaka i te ata kua toru kē ngā wīkihi me he pia kua oti kē te inumia e ngā Tāhae nei.

Kei konei te taina o Tamihana e noho ana, ā, noho hae mai ana te mokopuna nei ki a Tamihana e hoa haere ana i tō Āreta motopaika – ko Pītiti tōna ingoa. Ka hiahia hoki a ia ki te eke motopaika, ka pātai atu mehemea ka whakaae mai kia eke anō a ia ki te motopaika o Gunner.

Taua kupu whakaae anō rā 'ehara, ehara piki mai!' tā Gunner! Ā, ka harikoa rawa atu a Pītiti, ka wareware katoa atu i a ia ki āna koha kirihimete ka waiho kau ki te papa ka rere ihiihi atu ki tō koro Gunner motopaika whāngai mai ai.

Ka tukuna ngā mihimihi ka motopaika atu anō ai.

Taro kau ake ka tae ki te kāinga tuatoru. He uri tuakana kē kei tēnei kāinga ki a Tamihana rāua ko Pītiti, ko Whakaaha tōna ingoa. Ko taua āhua anō rā, ko te hae mai o Whakaaha, ā, kotahi atu tana tono ki a Dan hei hoa haere mōna ki tōna hōiho rino. Ko taua kupu whakaae anō rā, 'ehara, ehara,' tā te Tāhae nei, tā Dan.

Ka rere ngā kupu mihi – mihi mai, mihi atu ka noho iho te whānau nei ki te whakawhitiwhiti whakaaro, ka whakangahau, ā, whakatakoto ai a Dan i te hauwhātanga pōaka puihi ki te pae kāuta.

Ka noho ngā tāhae ka kōrerorero ai ki ngā mātua o Whakaaha, ki a Whakaaha matua me tāna wahine ki a Te Rira. Ka pātai atu a Te Rira ki a Āreta – 'āhea koe hoki mai anō ai me tō pūtohe?'

'Kei konei kē, kua herea atu ki muri o taku motopaika – Tamihana, tīkina mai taku pūtohe.' Tā Āreta whakahoki, whakahau anō ki a Tamihana. Mea rawa ake ka hoatu e Tamihana te pūtohe ki a Āreta hai pupuhitanga, hai whakangahautanga ki te whānau nei.

Kāre i roa mai, ka tīkina mai ngā pune o te kāpata me te rakuraku kua pakaru mai te waiata tahitanga i roto i te whare.

Tin Canning

Reti haere ana te rā i te rangi kua heke haere iho kē ki tōna rua. Mea ake, *rākaunui*[1] ana ngā Tāhae nei kua oti kē te whitiria iho e Tamanui – kua moe kē, ā, pōuriuri ana a waho.

'E kare e, ka mate tā tātau hoki ki Te Pūtere, kua pōuriuri kē a waho.' Tā Āreta.

'Kai te pai, he tau anō kei tua hai whakangahautanga anō mā tātau.' Te Whakahoki a Gunner.

'Mea ana koe, e koro, ka hipa te kotahi tau kātahi anō koe ka hoki mai anō?' Te kī ake a Whakaaha mokopuna.

'Ehara, ehara, he pai ki a mātou te noho moke ki Te Wao.' Tā Dan.

'Kāre e nui atu i te tekau ngā kāinga i konei, ā, he nui ngā rākau a Tāne e karapoti ana i a mātou.' Tā Whakaaha.

'E tama, He wao anō tā mātou, mātatoru ake nei, matomato ake nei, kāre i tua atu.' Tā Āreta ki a Whakaaha.

'Kua hoki rā tātau ki te kāinga, nē.' Tā Āreta. 'Engari, e koro, kei te haurangi kē koe kei aituā noa koe! Kai te pai, kua rākaunui te marama hei karu mata o te pō.'

30 tau ki te anamata i tāone o Te Papaiōea ...

'E haere kau atu ana au ki te kāinga o ōku mātua, e kore au e roa.' Te kōrero a Tamihana ki tana tau, ki a Rāhera.

Whakakāngia ai tōna motopaika Hāri e Tamihana, ka whakamahanahanatia. He motopaika hōu rawa, nō te tau tou nei o te rua mano mā rua, ā, kotahi rau kiromita anake kei te matawā.

---

[1] Realised, taka te kapa.

Kāore a Tamihana e mau tarau roa ana otiia, he pōtae mārō me te poraka anake ngā mea hei whakahaumaru i a ia. 'Ā kō ake nei.' Tā Tamihana ki tana tau nōna e motopaika atu ana …

Oho ake ana a Tamihana i te mauri moe e tīraha mai ana ka hāparangi atu ki te takiwā, 'Tautoko mai, tautoko mai!' Kua toka te tīraha iho nei, kua kore e taea te neke paku aha atu nei ki hea, ahakoa ngana tou mai a Tamihana te tū ake mō te hemo tou atu!

Titiro whakararo a ia ki tōna waewae katau e huakia katoatia mai ana tōna kiri, ā, e pūkana mai ana ngā uaua o tōna wae me te kōiwi me te hīrere kaha pai nei o te toto ānō he ngongowai. Te kitengatanga iho ka ruaki tou ai a Tamihana me te maurirere haeretanga nei o ngā whakaaro.

Ānō he oranga te roa kia tae mai he tangata ki te manaaki i a Tamihana kua hauata mai i tōna motopaika. 'Kaua e neke, kaua e aha, he waka tūroro kei te haere mai.' Tā te tangata nei. Ka mahara i a Tamihana he waea pūkoro ki tōna pūkoro ka kore i paku pakaru ahatia nei, ā, ka tere tana waea atu ki tana tau otiia, auare ake he whakautu mai. I konei ka tahuri a Tamihana ki te waea atu ki tōna tuakana, ki a Mike, ā, waingōhia ana ka urupare mai a ia.

'He aha rā?' Tā Mike. 'E kare, kua hauata motopaika ahau, haere mai ki te tautoko i a au, kei te ara e kuhu atu ana o Te Whare Wānanga o Massey, haramai ka kite koe i te marea e karapotia haeretia nei ahau.' Mea rawa ake, ka tae atu a Mike ki tō Tamihana taha, me te aha, tau ai te mauri o Tamihana i te kitetanga atu i tōna tuakana.

'E hika, haurangi ana koe?' Te ui atu a Mike ki a Tamihana. 'Karekau hoki, tē aro i a au mō te kemonga karutanga kau nei te roa, mea ake ka puta mai te pourama i tōna tūranga ki te huarahi ka tukituki ai!' Kata pai ana rāua ki a rāua, ahakoa tā rāua noho wehi mai i tēnei hanga.

'E hoa, waea atu ki taku wahine kia mōhio a ia, i ngana atu ahau i muri tata nei otiia, auare ake!' Ka pa i …

'Mea mai a Rāhera, ka tūtaki mai ki a koe ki te hohipera i tōna mōhio kua tau mai he waka tūroro ki te manaaki i a koe.'

Tae atu ana a Tamihana ki te hōhipera kua uru tonu atu kia pokangia ia e ngā rata poka.

Whā hāora ki te anamata.

Tīraha ana a Tamihana i tana moenga i te hōhipera, ā, pōturi nei tana maranga ake nā ngā pire whakakore mamae i tana pokanga.

Te ora mārika o Tamihana ki te ao ka hāparangi ake a ia ki te takiwā – 'Kua kore he aunga moe i tua atu i tērā!' Ka urupare atu te nēhi. 'E hoa, i pokaina kē koe e ngā rata hei whakatikatika mai i te mamae i tō waewae, kua whā hāora koe e noho mate ana ki te ao hurihuri. Pēnei tou au i te moemoeā kē, ka mutu, kua oho ake au i taku moe!' Tā Tamihana.

'Karekau hoki, kei te hōhipera kē koe, kua hauata motopaika koe!' Tā te nēhi ki a Tamihana.

Taro kau iho, ka rongo a Tamihana i te mangeo, ka kaha tana rakuraku i a ia anō. Ka rongo hoki i te mangeo a raro nei anō hoki otiia, ka pā te whakamā ki a ia ka rakuraku huna a ia i ōna huruhuru. Taro ake kua puta mai anō he tangata i te taiwhanga mahi pokanga ka pēnei anō tāna mahi – he rakuraku i a ia anō ki raro ki ngā huruhuru otiia, ki te whānuitanga anō o te tinana heoi anō, tē whakamā nō te tangata nei ki te rakuraku i ōna huruhuru ka turakina te whakamā o Tamihana, ā, hei aha māna ka rakuraku haere kaha nei a ia i ōna huruhuru.

'Titiro ki tō tāmoko kei te mamae o tō waewae, kua āta whakatikahia anōtia e ngā rata poka kia tika anō te āhua o tō tohorā, o Āraiteuru!' Tā Rāhera ki a Tamihana. 'E kare, ka mau te wehi!' Tā Tamihana ki tana wahine, ki a Rāhera.

'Me whakamōhio atu koe ki tō rangatira kua hauata motopaika koe e pai ai tō hōnea i te mahi, nē. Kī mai rā ngā rata ka ono wiki te itinga iho e hōnea ai koe i te mahi.' Te kōrero a Rāhera ki a Tamihana. 'Auē, tika hoki tāu, me i kore ake koe kua raru pai nei ahau, kua kore rawa ēnei mea hira e whakaaro ake e au … e mihi atu ana i tō manaaki mai i ahau i roto i ngā tau, ā mohoa noa nei. Mōu anō i whakapono mai, mōu rā i aroha mai nei … nōhea rawa taku aroha e mimiti mōu otiia, mārō ake, mārō ake nei!' Tā Tamihana ki tana tau me te roimata e kai ana i ōna pāpāringa – awhiawhi atu, awhiawhi mai.

'Kua whakahoki kōrero mai tō Rangatira, mea mai ana ka kite atu a ia i te pou-rama e takato ana i te ara i te haeretanga atu ki Te Whare Wānanga Massey, ka pānui mai anō a ia mō tō hauata ki Puna[2], kua rongonui koe!' Tā Rāhera.

Kotahi wiki a Tamihana e noho ana ki te hōhipera kua pai tana hoki ki te kāinga. Ka tae atu a ia ki te kāinga, ka pānui ia i te kāri mihi nā āna ākonga, ngā tuākana o te kura.

Huaki ana a Tamihana i te kōpaki ka tangohia te kāri. Kei te uhi he pikitia kua tāngia e tētahi o āna ākonga, he tohorā.

---

[2] *Stuff*

'Rāhera, tēnā titiro mai, titiro mai!' Me te reo tūmeke o Tamihana … titiro ki te pikitia nei i tāngia mai e tētahi o ngā ākonga i te kura. Ko te tohorā Āraiteuru he rite rawatia te āhua o tōku tāmoko kei taku waewae otiia, nōhea au i whakamōhiotia atu ko tāku kaitiaki tēnei!

A Trip to Marsics

Danni Tia Faye Riwai

Your teal Toyota, or the silver one – they merge in memory, but I know they both had grey seats – and you. Brown drumstick fingers (even they were big and strong) played the rubber steering wheel with such rhythmic conviction it sounded like a machine too perfect and clean to be human, a pre-recorded backing beat to your booming and unquestionably Māori one-man band (can always tell a Māori voice box).

Each car ride was an exclusive show in a Toyota recording studio. (I sing too, but I don't sound like you.) So, I sat in the front (I remember sitting in the back, too, when I was younger), always (usually) in my school uniform; listening, hungry, bored but also awed (always a bit in awe when you sang – made you seem famous, if it wasn't for everything else I think you could've been). Watching the houses change from nice to state, you'd pick me up from school and drive me into Glen Innes, past the ATM you always used to stop at (now I wonder why) and pull into the parking lot outside the dairy. I can only remember it being sunny, but it can't have been always.

I'd sit in the car, watching gangs of brown girls walk home together, cackling with bubbly laughter over 1.5 litre bottles of Fanta (can always tell a Polynesian laugh). I remember it kind of felt like watching a pod of wild dolphins play on a documentary. I wanted to join in, felt drawn to, but I knew I wasn't one of them, so I'd have to watch from afar (scared of rejection – or acceptance). It made me feel left out, and as I got older, I used to feel wronged that I never grew up around this sound, never learned how to make it. I loved the sound of Māori and Polynesian families laughing, all loud and high and bubbly like a stream, so when I heard it (on the street, in the wind), I'd try and listen extra hard. It felt like I'd been locked out and had to press my ear up against the glass to hear the joke. It still does actually, and I still wish I could make that sound. But I can't because I spent my youth aligning myself with whiteness, keeping far, far away from that bubbling stream of Māoritanga I felt inside me.

You'd sit next to me in the parked car, circling Lotto numbers you'd already picked, frowning down your handsome nose through Warehouse glasses (I remember going with you to get new ones, and big stacks of $1 CDs). Then you'd ask me to choose the Powerball for your Lotto ticket (the most important number of all). I'd never turn down the privilege, but I hated feeling responsible for your future. My anxious mind flicking between two numbers while you waited, watching, tapping, music still on.

A Trip to Marsics

Sometimes, you'd give me suggestions based on what had been drawn recently, which would only make my decision harder (you always liked logic; I can't relate).

Eight or nine, eight or nine. If I choose eight (one of my favourites) but nine (one of your favourites) gets drawn, we'll see it on the TV on Saturday, and even though you won't say anything you'll know I failed, and I'll see it on your face and feel like I've lost your entire fortune on purpose (the one that never existed anyway). It's funny now that we thought you could've won the Lotto twice (and that you wouldn't piss it all away again), but faith finds us in strange places (like the inside of cars outside the fish shop).

Eventually, I'd choose, make another blue circle on the silky-smooth yellow paper (they always smelt nice – like hope, and ink). I can even remember the feeling of the ballpoint pen touching the ticket. Funny what we remember – and how we can't choose. So, wasting money to win money became a ritual of sorts; our church was the car, ringing with Māori gospel soul bellowed over the tunes of dead white men, where we plucked eight numbers from the ether, hoping to throw off the universe's algorithm just enough so that money would flow like a river over us who were meant to dry up and die with our land. Plus we'd talk about going to Europe (ironic, in hindsight).

It felt sacred, and I felt proud, that you'd include me in your holy religion of capitalist chance, that big bowl of tumbling balls you saw as the stars, and the Lotto lady on TV each Saturday night as your God. What was her name? I can't remember. She had blonde hair and big white teeth, and I'd know her face if I saw it. I remember it also felt like a dirty secret, watching you tuck those crisp new tickets into your wallet because I knew, even though you'd been divorced for years, that if Mum found out, she'd be mad (which only made the whole thing more sacred). She'd be mad at you for buying Lotto when you'd already won it and lost it once before, when we were all still together, when I was a baby, and you bought a Four Square and a house up north with the cash, before you had to declare bankruptcy and move to the city and start fighting over me like the last piece of meat on the table (better than not being fought over at all).

She'd be mad at you for buying Lotto instead of practical things (ugh), mad at you for the way life happened, which I can, of course, understand. (Can good men be good if they're never shown healing? Were you a good man? Is there such a thing?) Whatever you were, I know you weren't whole, and I know that wasn't your fault (not that that matters much). I think you thought of us (people) as nothing but tumbling balls that get assigned a number by a soulless machine and then chucked in a big cage to be spun around by a smiling white lady and popped out at random, but I'm only speculating. I do know you didn't believe in God (neither), but did you believe in Papatūānuku? Why didn't you ever talk to me about her? Funny (in a cruel way) how it took your dying for me to start digging – like when a book is banned or burned and suddenly everyone wants to read it. I know you would've had an opinion (you always did). We'd fight venomously about the existence of ghosts; your mulish monochrome logic (selectively applied) always drew from me a flow of frustrated tears, like coins from a beaten slot machine. Why couldn't you admit that ghosts *might* be real, that you

A Trip to Marsics

couldn't truly know for sure? Why did I so badly need you to? You always were scared of things you didn't understand. I suppose you didn't understand those tangled roots of pride and shame between you and your Māoriness, and people (especially brown men) don't tend to talk about things they're scared of.

One day at Marsics, the fish shop where you'd buy buckets of mussels and oysters to eat outside in the car park and prawns and smoked kahawai and raw fish to take home for me, I asked you why most of the Māori people I saw there in Glen Innes were fat, and poor. I remember I asked with shy hesitation because I knew it was rude, but I felt a need to understand; I thought you'd have a logical answer (was still under the impression that you knew everything, of course). I'll never forget how you looked at me after that. It was defeat, it was shame, a bit of disgust. But it was also understanding – a recognition of yourself, of the inherited pain you never could name but now saw staring back at you through your own tamāhine, packaged in a privileged perspective you could never relate to but I knew you pined for. You looked at me like I was a demon you'd met many times before, and I felt like one – not just then but all the times I tried to deny my existence, and all the times I've tried to embrace it too. I knew I was Māori, but I had no reference for being Māori. I didn't know what that meant, except that it wasn't good because it wasn't white like all my friends (what more do we want in youth than to be like our friends?), and white was clean and rich and safe and educated and skinny (all the good things). In this colony, brown is all the other things. I wish you had told me then about our history, our pain – how white supremacy and colonisation and systemic oppression are designed to make us poor and fat and disconnected and depressed and dead. Maybe you thought I was too young to understand (I wasn't), or maybe you didn't understand yourself (would've loved to ask). Anyway, for whatever reason, you didn't do that. You just smiled (in a bad way) and nodded your head slowly and knowingly and looked at me for a while, which obviously felt like a lot longer than it really was, and then you said with your big deep Māori voice, 'So you're ashamed. You're ashamed of being Māori.' It wasn't a question but a statement – as if you'd finally figured out an equation you'd been working on for ages but the answer was so far from what you'd predicted, and at the same time made so much sense, you didn't know how you hadn't already reached it.

Hot waves crashed inside me: embarrassment, defensiveness, confusion, stupidity – like you knew something I was also meant to know but didn't (true) – but most of all, shame. I was ashamed of being Māori (apparently) but also ashamed of being ashamed about who I was, who you were (who we are), ashamed that you looked at me like one of them, not one of us. So much shame suddenly hung heavy in your travelling Toyota church, now a confessional, seeping like toxic gas through the air vents, suffocating us (generational trauma often does). I didn't realise then that I was feeling the shame my koro felt when he was tossed aside by the same country he fought for, or the shame you felt when he told your whānau you couldn't be Māori any more after the war ('too dangerous – if anyone asks, say you're from Australia'), or the shame my tīpuna felt as their land (and so their soul) was plucked from them by merciless British demons with no souls at all.

But I did know that with that question, I'd shifted the papaneke – caused a crack inside me (or between us) that would fill up until it became a river of shame. Slowly, I'd find the mouth of that river (that old, ugly, crooked-teeth mouth of colonisation) but not for a long time, not really until it was too late. I don't remember how it ended. I don't think there was a huge fight (like there was so often). It was worse than that. You weren't angry; you were sad. If you're lucky to know your dad well enough, is there anything worse than seeing him sad? Being the cause of it, that's worse. And not knowing why is maybe the worst. We left Marsics, probably with a big bag of prawns wrapped in paper on my lap because I remember eating them that night (your typically reckless amounts of butter and garlic, sucked dry heads and tails piling up on a plate). I felt different after that. I don't know why I never asked you more about it. I think I was too embarrassed and scared to see that look on your face again.

I sometimes wonder what our lives would've been like if your father hadn't had to fight for his own captors while enduring torrents of racist abuse, if he hadn't had to return to a thankless country. Maybe he would've taught you te reo, taught you to be proud, taught you to teach me. But that's the function of oppression – take the pride and turn it to shame and anger so big you can't even face it long enough to find the source. I know you had an all-consuming amount of both because I felt its force often (we all did).

Oppression sees power, the kind of power that comes from the earth, the kind it will never be able to access (now I know – we call it Mauri Ora), and it knows this can't be stolen like land. So it mutates our power into something alien, something we don't recognise, something that doesn't belong inside us, like a tracker that's injected into your neck in a dystopian sci-fi film and makes you act differently, but you can't rip it out without dying.

All my life, I've known my last name to mean 'Māori potato'. My own name became another source of misplaced shame, one I tried desperately to stop anyone finding (they did). My aunty and uncle both used to work at my high school (respected and revered), and sometimes the older teachers would see my name in the roll and pause and go, 'Riwai?' And my blood would run cold because they'd inadvertently drawn the whole class's attention to the most Māori thing about me – my name (I hope that's not always the most Māori thing about me). Recently, when I was back home in Aotearoa for the first time in seven years, my brother told me he met a Māori man who told him our name meant something different. 'Hidden water', he said, 'like a potato has'. I don't know if that's true, but it feels like it is. It's truer than what you told Mum your name meant when you first met, anyway: 'No ocean could keep us apart', or some cunning bullshit like that (I guess you were embarrassed of your name, too). I spent my whole youth thinking if I could just change my name, no one would even know I'm Māori. I don't have the language, I don't have the laugh; as soon as I get married, it will be just like I'm white.

Now I am married (not to a Māori), and I wouldn't change my name if he paid me. Dad would be at least a little bit proud of that, I think – if he knows (I hope he knows).

She Who Dreams of Te Rua o te Moko

TŌREA SCOTT-FYFE

He mea tuatahi
The most important thing for you to know about her is not about her at all; it is about her whenua. When the waka of Aoraki capsized and turned to stone, and Tū te Rakiwhānoa came to carve it into liveable land, the last, most difficult place to carve out was the south and the west. Even with the help of Te Kōhaka o te Ruru, the mountains were steep and sheer, and the passes were often unpassable. Her tūpuna travelled there, for kai, for pounamu, for the joy of living there among the steep peaks and wild bush and forever-rain-filled pathways of lakes and rivers and fiords. Te Rua o te Moko, the pit of tattooing; where Tamatea tattooed the faces of his people from the capsized Tākitimu waka. The name applies to all the deep carved fiords and swirling ridgelines west of the two lakes, Te Ana-au and Moturau. Te Rua o te Moko, her tūrangawaewae; where she would spend all her days

walking, climbing, swimming, scrambling; breathing, sheltering, resting, listening; if only she could.

He mea tuarua

She was born in Ōtepoti, Dunedin, at home. She grew entwined with another, a twin named Toroa who was miscarried before they were born. This was an important part of the stories she was told about herself, but soon sank and lay undisturbed somewhere deep in her being, once she was old enough to tell her own stories.

When she was five years old, her whānau went on a long trip from Ōtepoti to Te Rerenga Wairua. She was very excited (although a little confused) when her parents told her they were going to ride on the Fairy across Cook Strait. The confusion came from a conflict in her innate understanding of the world. She was certain, in a place deep inside herself, that fairies, spirits, tipua, taniwha, existed and probably travelled over oceans daily. However, so far in her life, intuition told her that these spirits, tipua, taniwha, fairies don't often interact with people, especially adults, in the day-to-day doing of things.

'How do we ride on the Fairy?' she asked Dad.

'We drive on,' he explained. 'We'll be going across at night.'

She had dreams of the Fairy, who had beautiful smooth brown skin and huge moth wings. Tōrea and her whānau were standing on her shoulder blade, wind blowing cool on their faces and pulling back their hair, as the Fairy flew them through the night. Moonlight hit the wavey water and shadowy headlands far below.

When they arrived in Picton, a few sandfly-intensive weeks later, she was disappointed to find it was a boat, not a Fairy, that waited to carry them across the strait.

The journey was not like the journey she had dreamed: the light breeze in the moonlit night, standing on warm skin in between stars and sea. Instead, the ferry corridors were lit fluorescent white, and people lay awkwardly across plastic chairs feeling seasick. The boat lurched and pitched, sending walls into strange angles. There was entertainment: a magician who made a toy rabbit disappear, then reappear.

Mum was going into and out of the storm, standing on the outside deck as wild waves and spray hurled through the windy air and soaked her yellow parka'd form. When Mum came back into the white bright corridors, she was dripping and glowing, radiant with exhilaration, with the power of Takaroa and Tāwhirimatea.

'I saw Toroa,' Mum told Tōrea, 'riding the winds, swooping along the crests of the huge waves.' Toroa, the albatross, her twin.

Tōrea knew then that the spirits were out there, riding with them through the waves, even if her whānau weren't riding directly on the Fairy's back.

He mea tuatoru

You notice her Pākehā features: blue eyes, blonde hair, fair skin. She had a dream once that someone was telling her she couldn't be Māori because of the look of her. 'You don't understand,' she told them. 'It's about whakapapa and connection.' She woke up feeling admiration for her articulate dream self, for not crumbling into dust. Her hands shook in their constant wiriwiri that led everyone she met to think she was nervous or cold, or both. Looks are a lie; she forgot about her appearance.

She went tramping in forests, up mountains and across glaciers. She climbed mauka and recognised her ancestors. She was always listening, watching. One of the birds she met was pīwauwau, the alpine rock wren that bobs on rock cliffs between earth and sky. She spent a summer with pīwauwau, giving them feathers and finding their nests. They fledged, bumbling into the high-up rock world overlooking the fiords. She envied them. Her own life had to be so much more complicated.

What Do We Do about David Ballantyne?

JORDAN TRICKLEBANK

In the world of Māori literature, 'firsts' matter. The foundational decades of modern Māori writing in English are defined largely by a sequence of 'milestone' single-author publications: *No Ordinary Sun* (1964), for example, is the first poetry collection by Hone Tuwhare, while *Pounamu, Pounamu* (1972) and *Tangi* (1973) by Witi Ihimaera are the first short story collection and novel, respectively. These works – and their venerated authors – continue to demand respect, both as literature and as key cultural markers of a broader Māori renaissance.

Yet these markers are complicated by the existence of David Ballantyne, a writer belonging to both Ngāti Uenukukōpako and Ngāti Hinepare of Te Arawa, who published four novels and a collection of short stories prior to the release of Ihimaera and his earliest works of fiction. Ballantyne's reputation in Aotearoa has consistently failed to crystallise in the way that his talent arguably deserved; most accounts of his life and career are marked by disappointment and unfulfilled ambition – owing in part to the alcoholism that wracked his professional and personal lives. He died in 1986, aged 61, leaving behind some accomplished works, but no defined legacy. In *After the Fireworks: A Life of David Ballantyne* (2004), biographer Bryan Reid hopes that the 'residual sparks' of Ballantyne's literary contributions 'might yet re-ignite greater appreciation of a great talent', but he is also blunt about our current apathy:

> 'David who?' might have been the reaction of most New Zealand readers. Even the literary establishment appeared not to know quite what to do about Ballantyne, as C.K. Stead showed in his *Landfall* article of December 1979 when he drew attention to the meagre representation of Ballantyne in surveys and collections of New Zealand literature up to that time (pp. 210–211).

Ballantyne's relative invisibility amongst readers and critics becomes even more puzzling when viewed through the lens of his Māori heritage. J C Sturm, for example, similarly struggled to find an audience (and publication) in her literary prime, yet her work is enjoying a resurgence, demonstrated in part by a new collection arriving this year. Collective interest in foundational works of modern Māori literature has never been higher – but Ballantyne, with his extensive bibliography of both published and unpublished work, remains largely unacknowledged as a Māori writer.

His being Māori is hardly a secret either. It is basically the first thing mentioned on his *Te Ara* page (Christodoulos). He has an entry in the *Kōmako* database of Māori writers (Underhill). Reid (2004) likewise devotes *After the Fireworks*' opening pages to Ballantyne's Māori heritage. His great-grandmother was Hēni Te Kiri Karamū (later known as Hēni Pore) who played a celebrated role at the battle of Gate Pā. Ballantyne was understood to be 'quietly proud of his Māori heritage and especially of Hēni Pore' (p. 2), a point reinforced in a letter he wrote to Roderick Finlayson in which he drew on his background to appraise Finlayson's collection of stories focused on Māori characters:

> My grandmother ridicules anything that smells phoney, whether Māori or otherwise. She is, of course, proud of her Māori blood and so is my mother: 'It's the best part of you,' I have been told for some time now. I like the stories, both for the technique and the skilful comedy and realism. My grandmother likes them because they are true (Reid, p. 92).

However, it is clear from many sources – including Ballantyne's own writing – that he was operating in an era where someone with Māori 'ancestry' was not necessarily considered 'Māori'. Colonial 'blood quantum' measures have rightly been questioned and discredited in the decades since the publication of *The Cunninghams* – Ballantyne's debut novel. If that novel was released today, readers and critics would, without issue, consider it a work of literature by a Māori writer. In 1948, however, Ballantyne was merely a Pākehā writer with some interesting facts in his family history – his 'Māoriness' was of the past, not something that could have positively shaped his present and future. Nor could it have informed a deeper understanding of his work.

This is the conception of Ballantyne that modern critics have inherited. There have been attempts to refresh and re-evaluate his legacy, but none – to the best of my knowledge – that attempt to engage with Ballantyne as a Māori writer. Hamish Clayton (2012) wrote an excellent reappraisal of Ballantyne's subversive rural-gothic masterpiece *Sydney Bridge Upside Down* (published in 1968) for *The Listener*'s 'Books & Culture' section; however, his piece neglects Ballantyne's Māori side entirely. The same is true of the novel's new foreword, penned by Kate De Goldi (who, Clayton notes, was instrumental in getting *Sydney Bridge Upside Down* reprinted for a modern audience). It is unfathomable that modern critics – in attempting to 'sell' his writing to a modern audience – have consistently failed to mention one of the most striking aspects of David Ballantyne: that a Māori writer was writing and publishing novels with the scope of *Sydney Bridge Upside Down* years before (or decades before, in the case of *The Cunninghams*) the 'first' Māori novel was published in 1973, in the form of *Tangi*, by Witi Ihimaera.

While one might argue that Ballantyne being Māori is irrelevant to *Sydney Bridge Upside Down* – a novel that features no explicit references to Māori culture – the same can not be said for *The Cunninghams*: Ballantyne's 1948 debut, and a classic novel in its own right. Described by Eric McCormick as 'a masterly study of working-class family life in a New Zealand town' (Ballantyne, 1986), *The Cunninghams* is a hard, American-influenced piece of social realism that draws heavily on Ballantyne's early life. Reid (2004) argues that with Ballantyne 'the writing reflects the life', and that '*The Cunninghams* is the strongest demonstration of this close correspondence':

It tells the story of the Cunningham family at the end of the Great Depression and before the beginning of the Second World War; a family of five children, a father dying of tuberculosis and a mother desperately struggling to keep her children fed and clothed, utterly dependent on her husband's pension as an invalid returned soldier. The narrative unfolds through the eyes of the eldest son, 11-year-old Gilbert, clever, a dreamer and a loner, suspended between childhood and adolescence [...] As he feels his father slipping away from him, he finds himself moving closer to his mother, but at the same time becoming aware of her as a separate personality with her own desires, frustrations and dreams ... (Reid, p. 5).

Reid's summary fails to address the fact that, in a reflection of Ballantyne's own family, Helen Cunningham is Māori – a detail that adds an invaluable dimension to her creeping discontent with life in the small, suffocating town of Gladston. *The Cunninghams* introduces this dynamic through the minor character of Marjorie: the household's young pregnant boarder who is in a relationship with Joe, a young Māori man from 'up the coast'. Joe is initially presented as absent and irresponsible – seemingly leaving Marjorie to fend for herself – and this problem is the window through which Ballantyne reveals Helen's views on Māori:

'I got nothing against the Maoris, Fred, and I always say my Maori blood is the best blood in me, but there's a difference in the way they look at things. Especially these coast Maoris. They're very casual, and of course

Marjorie's white, and the older Maoris are funny that way, they sort of look down on girls like Marjorie marrying the young Maoris. Mum's mother was a half-caste, you know, Fred, so there's quite a bit of Maori blood in me' (Ballantyne, p. 25).

This chapter four speech – in addition to exemplifying Ballantyne's touch for rambling, naturalistic dialogue – clearly reflects the pride that Ballantyne himself recalls from his mother about their Māori heritage. However, Helen's blunt judgement also demonstrates a problematic element of the novel. Despite the protagonists being Māori, 'the Maoris' are still othered throughout the novel, depicted as cultural outsiders in Gladston. In a later scene, a paranoid, broken Helen imagines the possibility of her husband, Gil, sleeping with 'Maori tarts' (p. 180). Likewise, 'the coast' is regularly invoked as a foreign – almost otherworldly – place.

And yet there's an unexpected warmth to Ballantyne's depiction of Māori, which creates an interesting – if minor – narrative thread throughout the novel. Joe eventually *does* return, and his relationship with Marjorie resolves happily. In one scene, Helen meets Joe and Marjorie at a café for afternoon tea. Helen silently worries whether Joe will be able to afford the meal, but her unfounded assumption is upended when he is able to cover the table's bill (p. 118). Another memorable moment sees the young Gilbert – in the throes of his own sexual awakening – enthralled with the warm affection that defines Joe's relationship with Marjorie (p. 108). Arguably, Joe's character develops into a positive point of contrast to Helen's Pākehā husband, Gil; where Gil is cold and increasingly distant, Joe is loving, unpretentiously committed to forging a married life with Marjorie and their son that falls comfortably outside the staid small town of Gladston.

Seemingly, Māori broadly fulfil a similar function throughout the novel. Māori life is honest and full of genuine connection (with others, with nature) where Gladston's Pākehā suburbia is disconnected, shrouded in secrecy and gossip. On a Christmas Eve, Gilbert observes a group of Māori 'laughing in their own way, different from the way Dad and the men from the works [laugh]' (p. 67). His immediate response suggests a sort of wistful jealousy: 'It would be good to laugh with somebody the way the Maoris laughed' (p. 67). Fittingly, one of the novel's final moments sees the Cunninghams connecting with Māori from 'the coast' on a family holiday. In a climactic exchange, a 'sage-like' Māori responds to Helen's suggestion that he must have less 'rush and worry' in his life on the peninsula:

> 'People they always think there is something better around the corner and they talk about this and worry about it but when they get it they find it isn't so good and they worry for something more around the next corner [...] [People] can call me miserable old stinkpot, or they can call me a good fellow, but I don't care. I've got my people, and so I am content' (pp. 216–217).

The old man's speech encapsulates both the limitations and potential of reading *The Cunninghams* as a work of Māori literature. While ultimately a positive depiction of Māori, it also smacks of the sort of one-dimensional 'wise sage' treatment that many 'characters of colour' have suffered in literature – think of what Spike Lee would deem a 'magical negro' half a century later. Is this simply a patronising 'noble savage' conception of

Māori culture? In the hands of another writer, I might say yes, but Ballantyne is just not that easy to pin down. Consider the very next page, where Helen judges the 'consumptive' appearance of the Māori children and deems the old man a 'crackpot' (218). This is a complex depiction of disconnected suburban Māori of the era: the sorts of people who might, on one level, identify something missing from their colonised existence but who have been conditioned to look down on Māori who continue to resist the pull of a Pākehā-fied 'middle New Zealand'. It is easy to imagine a version of *The Cunninghams* that is more informed by the politics of the then-coming Māori artistic renaissance, where the Cunninghams are a family on the brink of their own cultural revitalisation. The novel we have is not that, of course, but it is undoubtedly a unique literary relic given its era: a complex, fully-realised piece of published literature by a Māori author that, in part, explores the Māori identity of its characters – and, because of its biographical ties, the Māori identity of the author himself.

It is a shame that Ballantyne's later works never revisited these concerns with such clarity. The exception could have been a planned novel with many potential titles, including 'A Polynesian Comedy'. This was to be the follow-up to 1968's *Sydney Bridge Upside Down*, and Ballantyne had made the decision to focus on an explicitly-Māori protagonist, an alcoholic public relations worker called Christopher Uhuru Potter. Bryan Reid (2004) describes the manuscript as 'very strange but ultimately powerful' (p. 167), full of surreal turns and loose ends that feel like a development of the gothic, dream-like atmosphere of Ballantyne's 1968 classic. 'A Polynesian Comedy' stands as one of the more

What Do We Do about David Ballantyne?

exciting unpublished works of Māori literature; it would have been intriguing to see Ballantyne revisit *The Cunningham*'s exploration of Māori identity through the bold stylistic reinvention of *Sydney Bridge Upside Down*. Unfortunately, like many aspects of Ballantyne's career, it was not to be.

In the twenty-first century, David Ballantyne continues to be something of a literary enigma. I have to admit that when I first discovered the existence of this largely-forgotten author, I felt disillusioned. I had unearthed an uneasy dilemma: if something like *The Cunninghams* can be elevated to the status of 'first Māori novel', will the retrospective importance of something like *Tangi* be diminished? My opinion is, no, I think not.

The early works of Witi Ihimaera (and Hone Tuwhare, Patricia Grace, Heretaunga Pat Baker, and many others) are steeped in te ao Māori. They took a people that had, up to that point, largely been viewed in literature as outsiders – often through dispassionate, dehumanising lenses – and set them to life. These foundational works are not only enduring taonga for Māori readers, but also monumental within the broader context of indigenous literature *anywhere* (in a way that we in Aotearoa are liable to take for granted).

Ballantyne is not that, and a work like *The Cunninghams* will never occupy such a place within the canon of Māori literature, nor in our collective imagination. It is too flawed, its 'Māoriness' a too minor aspect of its narrative. But it is a novel from 1948 in which a Māori writer grapples with Māori identity, even if in a limited way – and Ballantyne's unpublished work hints strongly at an unrealised passion for exploring this part of himself further. The work of David Ballantyne, therefore, deserves *some* place within the history of Māori literature – a fitting legacy for a writer who was so often cast off as a literary outsider in his lifetime.

Works cited
Ballantyne, David. (1986). *The Cunninghams*. Oxford University Press.

Moisa, Christodoulos E. G. (2000). Ballantyne, David Watt. *Te Ara – the Encyclopedia of New Zealand*. https://teara.govt.nz/en/biographies/5b4/ballantyne-david-watt

Reid, Bryan. (2004). *After the Fireworks: A life of David Ballantyne*. Auckland University Press.

Underhill, Bridget. (2003). David Watt Ballantyne. *Komako: A bibliography of writing by Maori in English*. https://www.komako.org.nz/person/47

The Authors

Rea Aane
Ngāti Whitikaupeka, Ngāti Pāhauwera, Ngāti Porou, Ngāti Kahungunu

He mea tuhi tēnei paki mō aku tamariki tokorua, mō Te Ao Tuhi rāua ko Niwareka. Nā rāua anō ahau i whakaohooho ki te tuhi i tēnei pakiwaitara. He mea puta ngā whakaaro i runga anō i te hiahia o te ngākau ki te whakakōrero i ngā kaupapa pārekareka e ngākaunuitia ana e rāua.

Hana Pera Aoake
Ngāti Hinerangi me Ngāti Raukawa, Ngāti Mahuta, Tainui/Waikato, Tauranga Moana, Ngāti Waewae

Hana Pera Aoake is an artist and a writer. Hana currently co-organises Kei te pai Press with Morgan Godfery and has been involved in a number of artist-run initiatives and publications over the years. Hana currently works as the museum curator at the Sir James Fletcher Kawerau Museum and is a māmā to a haututū toddler.

Shelley Burne-Field
Ngāti Mutunga, Ngāti Rārua, Sāmoa

Shelley Burne-Field is a writer from Te Matau-a-Māui. She writes short fiction, non-fiction and dabbles in poetry.

Pine Tamahori Campbell
Ngāti Porou / Kahungunu ki Te Wairoa

He tohu maumahara tēnei pakiwaitara ki taku hoa a Rohatai me he ururoa tōna whawhai ki te mate pukupuku. E toru ngā rā i te wiki e whai rongoā a ia i ngā whare hauora o Tūranga. Ka hipa atu i te arahanga whakawhitia a Uawa ka kitea tētahi pūkeko ki te taha o te huarahi me tētahi mea kei tōna ngutu. Ia te rā ka kitea taua pūkeko.

Ki te taha o taku Pāpā, Ko Ngāti Porou te iwi, ko Te Whānau a Takimoana, ko Te Aowera, ko Te Whānau a Māhaki ngā hapū. Ko Pineamine Taihaere Campbell taku pāpā.

Ki te taha o taku kōkā, Ko Ngāti Kahungunu ki Te Wairoa te iwi, ko Ngā Puata, ko Ngāi Tamakahu, ko Ngāti Rangi ngā hapū. Ko Tiranui MacGregor taku kōkā. Ko Pine Tamahori Campbell e mihi atu nei ki a koutou.

Miriama Gemmell
Ngāti Pāhauwera, Ngāti Kahungunu ki te Wairoa, Ngāti Rakaipaaka

Miriama Gemmell is a writer and a poet from Te Matau-a-Māui. Her kupu can be found in *Awa Wahine*, *Turbine | Kapohau*, *Sweet Mammalian* and *Te Whē*. She recently moved closer to the tūrangawaewae to work for Ngāti Pāhauwera. She now lives in Ahuriri with her hoa rangatira, Richard, and her tamariki, James Rewi (9) and Hana Tirohia (7).

Eru J Hart
Ngāti Kahungunu

Eru J Hart is an English teacher who is on a mission to get as many kōhine Māori to university as possible. He prefers writing three-part short stories: Storm + Perform + Norm (repeat). This mirrors natural processes. He lives in Napier, where his people have roamed for hundreds of years: whaling, gathering and sunbathing.

Abby Hauraki
Ngāti Kaharau, Ngāpuhi; Te Whānau a Tūwhakairiora, Ngāti Porou

I ahu mai tōna kaingākau ki te tuhi i tana whakatipuranga, i te taiao i noho ai ia, tae atu ki ngā iho pūmanawa i āta whāia ai e ia - tangata rongonui mai, kaiako mai, hoa mai, whānau mai anō hoki. Nō tana pakeketanga tahuri ai ia ki tōna Ao Māori, ā, ka hinātore, ka kite ia i te whānuitanga me te hōhonutanga o te ao auaha. Nō reira ko te nuinga o āna tuhinga e hāngai ana ki ngā tini āhuatanga o Te Ao Māori. E ngana ana ia ki te whāngai i ēnei āhuatanga ki tana tamaiti, ki a Te Hono ki Īhipa, mei kore noa ka whakapuaki ia i ōna kare ā-roto mā te tuhituhi, mā te kōrero, mā te waiata, mā te toi, mā te aha, mā te aha.

Nadine Anne Hura
Ngāti Hine, Ngāpuhi

Nadine Anne Hura is a creative non-fiction essayist and a zine-maker based in Porirua. Her writing weaves themes of language, identity, equity and climate justice and can be found online and in print. She is a regular columnist for *The Spinoff Ātea*, an active member of Te Hā o Ngā Pou Kaituhi and is passionate about grassroots Māori writing and collective publishing.

Aperahama Hurihanganui
Te Arawa, Te Tai Rāwhiti, Wairarapa

Aperahama works with Engaging Well Ltd as a consultant in the areas of cultural competence, te reo Māori, tikanga Māori and Te Tiriti o Waitangi. Prior to consulting, he worked in legal practice as a solicitor with Kāhui Legal, a specialist law firm working at the forefront of Māori development.

Aperahama's passion is te ao Māori, and he is committed to revitalising te reo Māori and tikanga Māori within his whānau, hapū and iwi. He enjoys spending time with whānau and friends, keeping fit and healthy, competing in sports and kapa-haka, and diving for kaimoana.

Steph Julian
Ngāti Porou ki Harataunga

Steph Julian has featured in *Huia Short Stories 14*, *Awa Wāhine* and *Inhale*. She has work in upcoming publications of *FUA* and *Aotearoa New Zealand Performance Poetry Anthology*. Steph has written feature articles for *GP Pulse*, *Mamamia*, *TNT Magazine* and *SX* magazine. A former high school teacher, Steph now works in community engagement and communications for a global organisation. After living overseas, Taranaki Maunga called Steph home ten years ago, and she is now settled in Ngāmotu with her husband, two daughters and three dogs.

Ana Maria King
Ngāti Maniapoto, Waikato

Ana Maria King lives in Te Kūiti and has been published in *Poetry Aotearoa Yearbook*.

Winara Levi
Ngāti Hauā, Waikato, Ngāpuhi, Raukawa, Te Arawa, Sāmoa

He uri whakaheke tēnei nō roto mai o Waikato. I tupu ake au i raro i ngā kūwhā o Taupiri, i ngā tahataha o te awa i tāhuti. He uri nō Ngāti Hauā. He tauira o te reo te mihi kau atu nei, Paimārire.

Jacob McGregor
Nō Ngāti Raukawa te Au ki te Tonga, Ngā Rauru Kītahi me Te Whānau-a-Apanui

Ko Jacob McGregor tōku ingoa. He uri au nō Ngā Rauru, Ngāti Raukawa, me Te Whānau-a-Apanui. I tupu au ki Whanganui. Kei Pōneke au e noho ana ināianei. He kaimahi whakawhitiwhiti kōrero ki te Manatū Hauora. Nā tōku aroha nui ki te reo Māori me te tuhituhi i aro mai ai au ki tēnei tūranga mahi. Ko tōku hiahia matua i aku mahi tuhituhi, ko te tō mai i te tangata ki ao kē atu, arā, ki te ao o pohewa. Nō reira, e mihi ana ki ngā kaiwhakahaere o ēnei tohu i tēnei āheitanga nui. Nōku te whiwhi.

Sarah McOnie
Ngāti Maniapoto/Kāi Tahu – iwi; Ngāti Te Kanawa – hapū

Sarah lives in Waitetuna, near Raglan, and works as a counsellor and a creative. Her background is primarily in music and singing, and she is growing her practice as a writer and a retreat facilitator. Born in Te Awamutu, she has lived in Tāmakimakaurau, Waikato and Ōtepoti, as well as overseas in the Czech Republic and Australia where she studied music. She divides her time between her therapeutic practice on a small farm, singing engagements around the country and raising her son.

Atakohu Middleton
Ngāti Māhanga

Atakohu Middleton is an Auckland-based journalist who has worked for national print media such as *Mana* magazine, the *New Zealand Listener* and the *Sunday Star-Times*. She is now a part-time Māori-language reporter for Radio Waatea and communications adviser to Middleton Group, a sustainable-energy infrastructure company founded by her engineer brother Keith. Atakohu has a PhD in Māori journalism practice, and her doctoral dissertation was the basis of her first book, *Kia Hiwa Rā! Māori Journalism in Aotearoa New Zealand* (2023). Atakohu learned te reo Māori as an adult and in 2017 started writing fiction in te reo Māori to expand her vocabulary.

Airana Ueroa Ngarewa
Ngāti Ruanui, Ngā Rauru, Ngāruahine

Born and raised in Pātea, Airana Ngarewa writes about Māori affairs for *The Spinoff*. His writing has also been published in the *New Zealand Herald*, *Newsroom* and *Landfall* and broadcast on RNZ. He won the short story and poetry competitions at the Ronald Hugh Morrieson Literary Awards in 2022. His debut novel, *The Bone Tree*, is being published this year.

Zeb Tamihana Nicklin
Pāhauwera, Ngā Tokorima a Hinemanuhiri, Ruapani, Tūhoe, Tāmanuhiri, Rangitāne

Me kī āhua tautōhito ana au ki te uru ki ēnei whakataetae tuhinga, ā, ngākaunui ana ki tēnei whakataetae nō taku rata ki te whakakupu i ōku whakaaro otiia, ki te reo Māori te painga atu.

He kaiako reo Māori hoki ahau ka 18 ngā tau e kura māhita ana me te reo Māori te kaupapa.

He kaiako ahau i te reo Māori, ā, ngākaunui ana au ki te reo Māori. He pai ki a au te whakarongo kōrero, reo Māori nei me te whakakupu i ōku whakaaro ki te reo. Pai ki a au ngā tūmomo waiata, te poitūkohu, te mahi korikori tinana.

Anthony Pita
Ngāti Wai, Ngāti Ranginui

Anthony Pita was born in 2003 and grew up in Tāmakimakaurau. He is loving his third year of tertiary studies and working towards a BA/LLB conjoint at the University of Auckland Waipapa Taumata Rau.

Hannah Urupikia Rapata
Kāi Tahu, Te Atawhiua

I whakapapa to the Motupōhue/Bluff region of Te Waipounamu. I am a New Zealand Registered Dietitian and a PhD candidate within Te Kupenga Hauora Māori at the University of Auckland Waipapa Taumata Rau. My research mahi involves exploring and conceptualising Māori nutrition data sovereignty and Kāi Tahu kai sovereignty. Outside my mahi, I am a māmā to a very active two-year-old boy, and I enjoy spending time with my whānau.

Danni Tia Faye Riwai
Ngāti Tūwharetoa

Kia ora, I am a Neurodiverse Māori wahine who's been living overseas (Amsterdam and London) for almost eight years now. I'm slowly but surely finding my way back to my whakapapa, my mauri ora and my own whānau.

Marama Salsano
Ngāi Tūhoe (Hāmua); Te Aitanga-a-Māhaki (Te Whānau-a-Taupara); Ngāti Porou (Ngāti Kahukuranui); Ngāti Wairere (Ngāti Huakatoa).

Marama Salsano is a māmā, writer, recovering English teacher and ringatoi who explores her whakapapa in her painting. Marama is also a PhD candidate at the International Institute of Modern Letters at Victoria University of Wellington Te Herenga Waka, where she researches within the broad field of Māori and Indigenous literary studies.

Rauhina Scott-Fyfe
Kāi Tahu, Kāti Māmoe, Waitaha

Rauhina Scott-Fyfe is a queer writer, researcher and archivist-in-training based in Ōtepoti Dunedin. He kaituhi takatāpui, he kairakahau, he tauira kaitiaki pūraka anō hoki a Rauhina Scott-Fyfe. E noho ana ia ki Ōtepoti.

Tōrea Scott-Fyfe
Kāi Tahu, Kāti Mamoe, Waitaha

Tōrea Scott-Fyfe is a writer and an ecologist who likes to spend most of her time in the mountains. She is currently based in Te Whanganui-a-Tara where she is working towards a Master of Arts in Creative Writing with the International Institute of Modern Letters, Victoria University of Wellington Te Herenga Waka, and spending as much time as she can with her nanny at Tītahi Bay.

Te Ataakura Swannell-Kaa
Ngāti Porou, Te Whānau a Kai, Te Aitanga a Hauiti

He tuhinga auaha tēnei i tuhia mō Hinauri. He wahine ia i roto i tōku tuhinga. Ko te ngako o tēnei tuhinga kia aua e tango i ngā mea ehara nōu. Kei raru rānei koe i tētahi, i ētahi rānei. He paku kōrero mō ngā āhuatanga o te taiao anō hoki.

Jordan Tricklebank
Ngāti Maniapoto

I enjoy writing and posting thoughts about the Māori literary world, with an aim to build an appreciation for the rich history of Māori writers in Aotearoa. I am mostly active on Instagram, sharing curiosities, reviewing exciting new works and revisiting the classics. I am also a secondary English teacher with a broad passion for many types of literature.

Christie Wallace
Te Ātihaunui-a-Pāpārangi, Ngāti Apa

Ko Christie Wallace tōku ingoa. He uri tēnei nō Te Ātihaunui-a-Pāpārangi, Ngāti Apa hoki. I am in my fourth year of studies at Victoria University of Wellington – Te Herenga Waka, studying towards a Bachelor of Laws (Hons) and a Bachelor of Arts in Te Reo Māori.

Toni Wi
Ngāti Maniapoto

Toni Wi is a speculative fiction writer and policy analyst based in Wellington. Her flash fiction has been published in *Takahē*, *Mayhem*, *Breach* and *Flash Frontier*.